KB115132

칠지도와 광개토대왕비 비문으로
다시 보는 고대 한일관계사

칠지도와 광개토대왕비 비문으로
다시 보는 고대 한일관계사

2019년 05월 30일 초판 1쇄 펴냄

지은이/ 황보연

펴낸이/ 길도형
편집/ 박지윤
디자인/ 우디 크리에이티브
인쇄/ 우성아트피아
제책/ 우성아트피아
펴낸곳/ 타임라인
출판등록 제406-2016-000076호
주소/ 경기도 고양시 일산서구 덕산로 250
전화/ 031-923-8668 팩스/ 031-923-8669
E-mail/ jhanulso@hanmail.net

ISBN 978-89-94627-77-9 93910

이 도서의 국립중앙도서관 출판예정도서목록(CIP)은
서지정보유통지원시스템 홈페이지(http://seoji.nl.go.kr)와
국가자료종합목록 구축시스템(http://kolis-net.nl.go.kr)에서
이용하실 수 있습니다.(CIP제어번호 : CIP2019020353)

칠지도와 광개토대왕비 비문으로 다시 보는 고대 한일관계사

황보연 지음

들어가는 글

 역사에서 패자는 말이 없는 것인지 모르겠다. 1500여 년 전, 나당 연합군의 공격을 막아내지 못하고 멸망한 백제사가 대표적이다. 『삼국사기』와 『삼국유사』의 기록에서 백제에 관한 기록은 표면적이고, 그나마 그런 기록조차 부족하다.

 그런 중에 일본 입장에서 서술된 『일본서기』의 기록 속에서 백제의 단면들이 발견된다. 그러나 그 기록들은 백제의 입장을 제대로 대변하지 못하고, 오히려 '임라일본부설'의 근거 자료로 왜곡되었다. 또한 일제강점기의 역사적 당위성을 보여 주는 도구로 이용되기도 했다.

 그리고 백제 역사의 기록이 거의 없는 상황에서 『일본서기』의 기록은 일본 측의 관점에서 기록됨으로써 한국 측 관점에서는 사건의 주체인 갑과 을이 전도되는 결과를 초래하였다.

 필자는 현재 일본의 국보로 지정되어 있는 '칠지도'의 명문을 해독하면서 아이러니하게도 삼국시대 백제와 왜와의 관계에서 왜가 백제의 분국임을 알게 되었고, 백제와 왜와의 관계를 알게 되면서 광개토대왕비 비문의 신묘년조 해석을 더욱 정밀하게 할 수 있었다.

자세한 내용은 본문을 통해서 거론하겠지만 다음과 같이 요약할 수 있겠다.

1. 칠지도의 제조년은
태시사년泰始四年 오월십육일五月十六日 병오정양丙午正陽
468년 음력 5월 16일 정오正午
468년 양력 6월 22일 하지 정오이다.

2. 칠지도 명문 내용은
百濟□世□奇生聖音故爲倭王旨造□□□世
백제□세□기생성음고위왜왕지조□□□세
⇒백제 왕세자 기奇는 개로왕의 첫째아들인 문주왕文周王, 여기餘紀이다. 왜왕지倭王旨는 개로왕의 둘째아들이며, 문주왕의 동생인 곤지이며 여곤餘昆이다. 성음聖音은 개로왕의 손자이자 문주왕의 아들이고, 곤지의 조카인 삼근왕의 탄생 시 울음소리이다.

3. 倭以辛卯年來渡海 破百殘東□新羅以爲臣民
왜이신묘년래도해 파백잔동□신라이위신민
來渡海의 주체는 왜이고, 破百殘東□新羅의 주체는 고구려이다.

호기심에서 시작한 공부가 칠지도 명문에서 왕세자 기奇가 여기餘紀이고 왜왕 지旨가 곤지昆支일 수 있겠다는 결론에 도달하자, 연구 결과를 책으로 내서 공론화하는 게 좋겠다는 생각에 이르렀다.

역사를 공부하는 데 샛길로 빠지지 않도록 방향을 잡아주고 중구

난방인 책의 골격을 잡아 준 친구 최규연과 來渡海의 주체는 倭이고, 破百殘東□新羅의 주체는 고구려라는 아이디어를 준 백수 농부 백승우에게 감사드린다. 그리고 옆에서 많은 격려와 응원을 해준 아내 이영란, 딸 지원·예원과 『경락의 기원』 출간부터 인연이 되어 흔쾌히 본 책을 출간해 주신 길도형 대표께도 감사드린다.

2019년 5월
황보연

목차

제1장

칠지도

1. 칠지도 개요

칠지도[1]는 광개토대왕 비문과 더불어 고대 한일관계사와 관련한 매우 중요한 1차 사료이다. 현재 일본 덴리 시(天理市)의 이소노카미 신궁(石上神宮)에 전해져 오는 철제 칼로 1953년에 일본 국보로 지정되었다. 제작 연대와 명문 해석에 관해 한국과 일본의 역사학자들 사이에 다양한 학설이 있다.

단철鍛鐵로 만든 양날의 칼로 전체 길이는 74.9센티미터이며, 칼날의 길이는 65센티미터이다. 칼의 좌우로 각각 세 개씩의 칼날이 가지 모양으로 뻗어 있어 칠지도七支刀라고 부른다. 칼의 양면에는 60여 자의 명문銘文이 금상감金象嵌 기법으로 새겨져 있다. 무기로써의 실용성보다는 제의祭儀 등에서 상징적인 용도로 쓰였을 것으로 추정된다.

본래 육차모六叉鉾(ろくさのほこ)라는 이름으로 전해져 왔으나, 1874년[2] 이소노카미 신궁의 대궁사大宮司 간마사토모(菅政友)가 칼

---

1) <두피디아>, http://www.doopedia.co.kr/doopedia/master/master.do?_method=view&MAS_IDX=101013000861677

2) 1873년 간마사토모가 대궁사로 임명되어 석궁신사에 오게 되고, 1874년 금족지에 들어갈 수 있게 된다.

날에 새겨진 명문을 발견하면서 칠지도로 학계에 알려지게 되었다.
1953년에 일본 국보로 지정되었으며, 이소노카미 신궁에 소장되어
있다. 칠지도는 광개토대왕비와 더불어 고대 일본과 한반도의 관계
를 알려주는 가장 오랜 문자 사료이다. 하지만 표면이 부식되어 일
부 글자는 판독이 어렵다. 많은 연구와 방사선 촬영 등을 통해 총 60
여 자가 확인되었으나 몇몇 글자(侯·以·音·倭)는 여전히 해석의 어
려움이 있다. 또 年과 月 사이의 글자 수를 어떻게 판독하는지에 따
른 두 가지 견해가 있다.

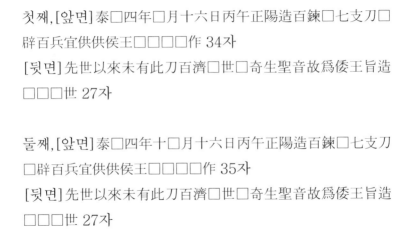

첫째, [앞면] 泰□四年□月十六日丙午正陽造百錬□七支刀□
辟百兵宜供供侯王□□□□作 34자
[뒷면] 先世以來未有此刀百濟□世□奇生聖音故爲倭王旨造
□□□世 27자

둘째, [앞면] 泰□四年十□月十六日丙午正陽造百錬□七支刀
□辟百兵宜供供侯王□□□□作 35자
[뒷면] 先世以來未有此刀百濟□世□奇生聖音故爲倭王旨造
□□□世 27자

두 글자의 가능성을 배제하지 않으려는 듯 일본 석상신궁 홈페이
지에서는 아래와 같이 표기하고 있다.

(表面)[3] 泰□四年(□□)月十六日丙午正陽造百練釖七支刀□

---

3) 일본 석상신궁 홈페이지; http://www.isonokami.jp/about/c4_2.html

辟百兵供供侯王□□□□作 35자

(裏面)先世以来未有此刀百済□世□奇生聖音故爲倭王旨造
□□□世 27자

2. 칠지도 제작 연도 추정 및 명문 해석

2-1. 지금까지의 칠지도 연구

칠지도에는 앞면 34자 뒷면 27자 총 61자의 명문銘文이 있는데, 엑스레이 판독에 의한 연구 결과에서 연과 월 사이에 두 글자로 판독할 수 있다는 견해가 나와서 앞면 35자, 뒷면 27자 해서 총 62자로 보는 두 가지 견해가 있다.

첫째, 지금까지 61자로 본 연구 및 연구자는 다음과 같다.

[앞면] 泰□四年□月十六日丙午正陽造百錬□七支刀□辟百兵宜供供侯王□□□□作 34자
[뒷면] 先世以來未有此刀百濟□世□奇生聖音故爲倭王旨造□□□世 27자

1874년 간마사토모에 의해 이소노카미 신궁에서 칠지도 명문이 발견된 이래 일본 연구자들은 다음과 같다. 연구자에 따라 □월, 4월, 5월, 6월의 판독의 차이는 있지만 연과 월 사이의 글자를 모두 한 글자로 파악했음을 알 수 있다.

일본학계 학자	명문해석	연도
星夜恒	泰初四年□月十一日丙午正陽造□練□七支刀□辟百□□□供[侯][王]□□□□作[先]□□□未有此[刀][百]□□□□奇生聖□[故]爲□□□造[傳]□□□	1892
管政友	泰始四年月十日丙午正陽造百練□七支刀□辟百兵□供□□□□□作 先世以來未有此刀百□□□□□生聖晋□爲□王□造傳示□世	1907
高橋健白	泰[始]四[年]六月十一日丙午正陽造百練□七支刀生辟百兵□□供□□□□□作 □□□□□有此刀百□□也□□生聖[故][爲]□□王□造□不□□也	1914
喜田貞吉	泰初四年六月十一日丙午正陽造百練□七支刀生辟百兵□□供[侯]作 □[世]□□□有此刀百□□世□[奇]生聖[晋]故爲□王□造[傳]不□世	1919
木崎愛吉	泰初四年六月十一日丙午正陽造百練□七支刀生辟百兵□□供□□□□作 □□□□□有此刀百□□也□□生聖□故爲□□王□□造□不□□也	1921
大場磐雄	泰初四年六月十一日丙午正陽造百練□七支刀生辟百兵□□供…… □□□未秀此刀…….	1929
末永雅雄	泰初四年六月十一日丙午正陽造百練□七支刀生辟百兵□□供□□□□作 □□□□□有此刀百□□也□□生聖□故爲□□王□□造□不□□也	1941
榧本杜人	泰[和]四年[五]月十六日丙午正陽造百練鐵七支刀[世]辟百兵宜供供侯王□□□□	1955

[*]<칠지도 명문 해독에 대한 일고찰>, 원광대학교.

	作 先世以來未有此刀百濟王世[子][寄]生聖 晉故爲倭王[旨]造傳[示][後]世	
西田長男	泰[和]四年[五]月丙午正陽造百練[鐵]七 支刀[世]辟百兵宜復供侯王□□□□作 先世以來未有此刀百濟[王]世[子]寄生聖 音故爲倭王[替]造傳[示][後]世	1956
藪田嘉一郎	泰初四年六月十一日丙午正陽造百練鐵七 支刀以辟百兵宜復供侯王□□□□作 先世以來未有此刀百濟王世世身生聖意故 爲倭王敬造傳示後世	1961
三品彰英	泰始四年六月十一日丙午正陽造百練[鐵] 七支刀生辟百兵百供侯王□□□□作 先世以來未有此刀百滋王世子奇生聖音故 爲倭王旨造傳不倭世	1962
岡崎敬	泰和四年四月十六日丙午正陽造百練鐵七 支刀□辟百兵宜供供侯王□□□□作 先世以來未有此刀百濟□世□寄生聖音故 爲倭王旨造傳不□世	1971
福山敏男	泰和四年[五]月十六日丙午正陽造百練鐵 七支刀生辟百兵宜供供侯王□□□□作 先世以來未有此刀百滋□世□寄生聖音故 爲倭王旨造傳不□世	1972
佐伯有清	泰[和]四年[五]月十[六]日丙午正陽造百 練[鐵]七支刀[出]辟百兵宜供供侯王□□ □□作 先世以來未有此刀百滋[王]世[子]寄生聖 音故爲倭王旨造傳示[後]世	1977
鈴木靖民	泰[和]四年[五]月十六日丙午正陽造百練 [鐵]七支刀[生]辟百兵宜[復]供侯[王]□	1982

	□□□作 先世以來未有此刀百滋[王]世□寄生聖音 故爲倭王旨造傳□□[世]	
山尾幸久	泰[和]四[年] [五]月十六日丙午正陽造百 練[銅] [七]支刀[生]辟百兵宜□復和供侯 王□□□□作 先世以來未有此刀百濟[王]世[子]寄生聖 音故爲倭王旨造傳[示] [後]世	1988

 일본보다 뒤늦게 칠지도 명문 연구를 시작한 남북한의 연구자들은 아래와 같다. 연구자에 따라 □월, 4월, 5월로 판독의 차이는 있지만, 일본의 연구자들과 마찬가지로 연과 월 사이의 글자를 모두 한 글자로 파악하였음을 알 수 있다.

한국학계 학자	명문 해석	연도
金錫亨	泰和四年五月十三日丙午正陽造百練鐵七 支刀世辟百兵供供□王□□□□作 先世以來未有此刀百滋王由益壽出聖旨故 爲□王□造傳示後世	1963
李丙燾	泰□四年□月十六日丙午正陽造百練銅七 支刀世[出]辟百兵宜供供侯王□□□作 先世以來未有此刀百濟王世□ [子]寄生聖 音故爲倭王旨造傳示後世	1974
黃壽永	泰[和]四年[五]月十六日丙午正陽造百練 [鐵]七支刀[世]辟百兵宜供供侯王□□□ □作	1977

	[先]世[以]來未有此刀百濟[王]世[子] [寄]生聖音故爲倭王旨造傳示後世	
金貞培	泰□四年□月十六日丙午正陽造百練銅七 支刀生辟百兵宜供供侯王□□□作 先世以來未有此刀百濟王世子寄生聖音故 爲倭王旨造傳示後世	1980
朴鍾大	泰□四年□月十□日正陽造百練□七支刀 □辟百兵宜□供侯王□□□作 先世以來未有此□刀百滋□世□寄生聖音 故爲倭王旨造傳示□世	1980
李進熙	泰和四年五月十一日丙午正陽造百練鐵七 支刀□辟百兵宜□供侯王□□□□作 先世以來未有此刀百濟王世□寄生聖□故 爲倭王□造傳示後世	1982
許興植	泰和四年五月十六日丙午正陽造百練鐵七 支刀世辟百兵宜供供侯王□□□□作 先世以來未有此刀百濟□世□寄生聖音故 爲倭王□造傳□□世	1984
金鍾恒	泰和四年五月十一日丙午正陽造百練子七 支刀□辟百兵宜供供侯王□□□□作 先世以來未有此刀百濟王世子寄生聖音故 爲倭王旨造傳不□世	1987
金聖昊	泰和四年五月十六日丙午正陽造百練鐵七 支刀山辟百兵宜復供侯王□□□□作 先世以來未有此刀百濟王世子寄生聖音故 爲倭王旨造傳示後世	1988
李道學	泰□四年□月十六日丙午正陽造百練銅七 支刀□辟百兵宜□供侯王□□□□作 先世以來未有此刀百濟王世□寄生聖音故 爲倭王旨造傳□後世	1990

金昌鎬	泰□四年□月十六日丙午正陽造百練鐵七支刀□辟百兵宜復供侯王□□□□作 先世以來未有此刀百濟王世子寄生聖音故爲倭王旨造傳□□世	1990
蘇鎭轍	泰□四年□月十六日丙午正陽造百練銅七支刀生辟百兵宜供供侯王□□□□作 先世以來未有此刀百慈王世□寄生聖音故爲倭王旨造傳示後世	1994
이근우	泰和四年□月十一日丙午正陽造百練子七支刀世辟百兵宜供供侯王□□□□作 先世以來未有此刀百慈王世子寄生聖音故爲倭王旨造傳示□世	1994
金仁培	泰□四年□月十六日丙午正陽造百練[鐵]七支刀□[出]辟百兵宜供供侯王□□□□作 先世以來未有此刀百濟王世□寄生聖音故爲倭王旨造傳示[後]世	1995
金元龍	泰和四年四月十一日丙午正陽造百練□七支刀生辟百兵宜供供侯王□□□□作 先世以來未有此刀百濟王世子寄生聖音故爲倭王旨造傳後世	1996
盧泰天	泰和四年五月十六日丙午正陽造百練鐵七支刀生辟百兵宜供供侯王□□□作 先世以來未有此刀百滋王世□寄生聖音故爲倭王旨造傳示後世	1998
金澤均	泰□四年□月十六日丙午正陽造百練銅七支刀□避百兵宜供供侯王□□□作 先世以來未有此刀百慈王世子寄生聖音故爲倭王旨造傳示後世	1998
연민수	泰□四年五月十六日丙午正陽造百練鐵七	1998

	支刀世辟百兵宜復供侯王□□□□作 先世以來未有此刀百慈王世子寄生聖音故 爲倭王旨造傳示後世	

이상 1892년부터 1998년까지 한·일 연구자 모두 연호나 날짜는 다르게 보고 있지만, 연과 월 사이를 한 글자로 보고 연구하였음을 알 수 있다.

둘째, 62자로 보는 견해는 2009년[4] 홍성화가 주장한 이후 박호균 등이 따르고 있다.

[앞면] 泰□四年十□月十六日丙午正陽造百鍊□七支刀□辟 百兵宜供供侯王□□□□作 35자

[뒷면] 先世以來未有此刀百濟□世□奇生聖音故爲倭王旨造 □□□世 27자

육안으로 보이지 않던 十(십)자가 엑스레이 판독에 의해 관찰되었기 때문이다. 그러나 엑스레이로 글자가 보인다는 것은 반드시 표면 위의 글자를 의미하는 것이 아니라 전면 표면, 본체 속, 후면 표면 이 셋 중에 하나일 수 있다. 반드시 표면에 있는 글자라고 말할 수 없다. 엑스레이는 본체 표면에 있는 글씨를 파악하기 위한 것이

---

4) 홍성화 지음,『석상신궁 칠지도에 대한 일고찰』.
(석상신궁; https://www.kci.go.kr/kciportal/ci/sereArticleSearch/ciSereArtiView.
kci?sereArticleSearchBean.artiId=ART001413444)

아니라 불순물에 덮여 숨어 있는 글자를 찾는 것인데 불순물이 쌓여 있다는 증거가 없기 때문이다.

칠지도를 육안으로 관찰해 보면 마모되거나 떨어져 나간 부위는 있지만, 단조 위에 제거되지 않는 불순물은 거의 보이지 않는다.

23쪽의 사진 상으로 一(일)자가 씌어 있는 본체를 보면 만들어질 때보다 금상감이 떨어져 나간 것을 알 수 있다. 一자에 해당하는 본체와 十자에 해당하는 본체가 동일한 면으로 보인다. 아래 사진에서 보는 것처럼 칠지도는 본체의 보존 상태가 좋고 一자의 동일면의 본체이고 어떤 불순물도 보이지 않으며, 만약 있다면 보존 과정에서 제거되었을 것이다. 또한 十자의 횡으로 그은 一자를 따라 상하로 밀어 붙인 것 같은 면이 관찰된다.(23쪽 사진의 동그라미 부분 참조) 따라서 十자로 추정되는 글자가 다른 글자와 같은 표면에 있다고 보는 데는 무리가 있어 보인다.

2-2. 칠지도 제작 연도 추정의 문제점들

앞면 34자 뒷면 27자로 보고 제작 연도를 추정하기 위해서 먼저 해결해야 할 문제들이 있다.

[앞면] 泰□四年□月十六日丙午正陽造百鍊□七支刀□辟百兵宜供供侯王□□□□作 34자

복원된 칠지도 표면에 새겨져 있는 5번 글자 十과 6번 글자 ㅡ

[뒷면] 先世以來未有此刀百濟□世□奇生聖音故爲倭王旨造
□□□世 27자

첫째, 연호 泰□에서 태泰가 태太가 될 수 있는가 하는 문제이다. 泰□에서 泰를 太와 동자同字 또는 가차假借 글자로 이해하는 주장이 있다.

泰는 훈이 '크다(太)'는 뜻도 있지만, '안녕하다' 또는 '평안하다' 같은 뜻이 좀 더 본질적이다. 국태민안國泰安民, 태연泰然, 태평泰平 등에서는 泰를 太로 치환할 수 없다. 태시泰始는 '평강함이 시작되다'의 뜻이고 태화太和는 '크게 조화롭다'의 뜻이다. 따라서 같은 글자로 표기할 수 없다. 참고로 泰에 대하여 한한사전에는 첫 번째 훈으로 클太와 동자로 나오지만, 중한사전에는 첫 번째 훈으로 편안하다 (安)로 나온다. 이것은 泰와 太에 대한 뉘앙스가 중국과 한국, 일본 사이에 차이가 있음을 보여 준다.

또한 가차어假借語로 보는 견해는 철검에 새기기 힘든 글자를, 쉬운 글자를 놔두고 일부러 금속판에 새길 이유가 없으므로 타당하지 않아 보인다. 따라서 연도를 비정할 때 중국의 연호이든 백제 고유의 연호이든 반드시 泰자가 포함되어야 한다.

둘째, 병오정양丙午正陽에 대한 정리가 있어야 한다는 점이다.

□月十六日을 비정批正하기 전에 먼저 丙午 또는 丙午正陽을 푸는 것이 문제를 올바르게 푸는 순서일 것이다. 홍성화 등의 주장대로 丙午를 일간지로 볼 것인지 대다수의 연구자들처럼 시간을 포함하는 길상구 또는 관용구로 이해해야 할지를 정리해야 한다.

중국[5] 동진東晉(4세기경)의 역사가 간보干寶가 편찬한 『수신기授神記』에 보면 다음과 같다.

夫金之性一也
以五月丙午日中鑄 爲陽燧
以十一月壬子夜半鑄 爲陰燧
부금지성일야
이오월병오일중주 위양수
이십일월임자야반주 위음수
⇒무릇 금(쇠)의 속성은 하나이다. 음력 5월(양이 성한 하지가 있는 달)의 병오일중丙午日中(한낮)에 주조하면 (음력 5월+한낮의 기운이) 양의 부싯돌이 되고, 음력 11월(음이 성한 동지가 있는 달)의 임자야반壬子夜半(한밤)에 주조하면 (음력 11월+한밤의 기운이) 음의 부싯돌이 된다.

양의 기운의 편차는 지구의 공전과 자전에 의해서 이루어진다. 즉 태양이 동지에서 하지로 가까워질수록 양의 크기는 커지고, 반대로 태양이 하지에서 동지로 가까워질수록 음의 크기가 커진다. 이러한 태양에 대한 지구 공전에 따른 태양 에너지의 변화는 월지지月地支로써 표현할 수 있다. 즉 지구의 공전에 따른 가장 큰 태양 에너지는 음력 5월이자 오월午月에 가장 극성하고, 음력 11월이자 자월子月에 가장 약하게 된다. 또한 지구의 자전에 의한 태양 에너지는 낮 12시, 즉 오시에 가장 크고 밤 12시, 즉 자시에 가장 작다.

---

5) 홍성화 지음, 『석상신궁 칠지도에 대한 일고찰』, 원광대학교.

따라서 금속을 다룰 때 음양오행이 통용되는 문화 속에서는 금金을 극克하는 화기火氣가 가장 성할 시기가 중요하고 합당한 때인 것이다.

연간지와 일간지는 월간지나 시간지와 달리 연간지, 일간지에 나타나는 간干이나 지支가 양기陽氣의 크기를 좌우하는 것이 아니다. 즉 양의 에너지를 보여 주는 간지는 월간지와 시간지가 중요하고, 연간지와 일간지는 날짜를 지정하는 의미 말고는 없는 것이다.

병오丙午에서 병은 십간十干의 형제오행에 따른 분류로써 갑을甲乙(木), 병정丙丁(火), 무기戊己(土), 경신庚申(金), 임계壬癸(水)에서 화에 해당하며, 병과 정을 모두 포괄하는 관용적인 화의 대표 십간을 의미한다.

또한 병오라는 것은 오시, 즉 정오를 의미하지만 입춘대길立春大吉이라는 길상구에서 입춘이 단지 입춘일만 의미하지 않고 봄 전체 혹은 다음해 입춘까지의 일 년을 의미하는 것처럼, 정오를 포함한 낮 시간을 의미하는 길상구로 봐야 할 것이다. 하물며 병오정양은 말할 것도 없이 길상구이다.

문헌적으로도 병오와 관련되어 음력 5월이 가장 많고, 칠지도 해독에서 □月을 음력 5월로 보는 연구자도 가장 많고, 음양오행설에 의한 수신기의 금속 제조와 관련된 시기 언급도 5월로 보인다. 뒤에 다시 설명하겠지만 엑스레이 상으로만 보이는 '十' 자는 '五' 자를 쓰려다 간격을 맞추기 위해 수정한 오자誤字로 본다면 5월로 보는 것이 타당하다고 봐야 할 듯하다.(27쪽 사진 참조)

셋째, '泰□四年'에 해당하는 중국 연호가 있거나 백제 자체의 연호이거나 하여야 한다는 것이다. 만약에 泰□四年이 백제의 독자 연

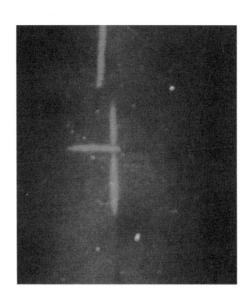

호라면 468년이 백제 개로왕 14년에 해당하므로 원래 독자 연호를 쓰다가 465년에 독자 연호로 바꾸어야 하는 모순이 생기는 만큼 가능성은 적다.

칠지도 제작 연도로 추정되는 해의 중국의 연호는 다음과 같다.

연호	한자	시작	종료	기간	군왕	비고
태시	泰始	265.2	274	10년		
함녕	咸寧	275	280.4	6년		
태강	太康	280.4	289	10년		
태희	太熙	290.1	290.4	4개월		

연호	한자	시작	종료	기간	군왕	비고
태화	太和	366	371.1	6년	해서공	
함안	咸安	371.11	372	2년	간문제	
영강	寧康	373	375	3년	효무제	
태원	太元	376	396	21년		

408년에 泰나 太로 시작하는 중국 연호는 없음.

연호	한자	시작	종료	기간	군왕	비고
태시	泰始	465.12	471	7년	명제	
태예	泰豫	472	472	1년		
원휘	元徽	473	477.7	5년	후폐제	
승명	昇明	477.7	479.4	3년	순제	

연호	한자	시작	종료	기간	군왕	비고
태화	太和	477	499	23년		
경명	景明	500	504.1	5년	선무제	
정시	正始	504.1	508.8	5년		
영평	永平	508.8	512.4	5년		

이와 같이 태에 해당하는 연호는 태시泰始로서 468년 송나라 6대 황제 명제明帝에 해당하는 연도이다.

넷째, 금속상감기법[6]이 한반도에서 발견되는 시기가 주로 5세기 후반부터 6세기 초반이라는 점이다.

상기한 네 가지 조건을 만족하는 가설의 연대는 468년임을 알 수 있다.

---

6) 임지영 지음, 『고대 금속상감에 대한 시론』.

고대 금속상감 기법[7]

금속상감은 바탕 금속에 홈을 만들어 홈 속에 바탕 금속과는 다른 강도가 약한 금속을 물리적인 힘으로 감입하여 고정하는 금속 장식 기법이다.

상감 홈을 만드는 방법은 축조 기법과 모조 기법 두 가지가 있으며 상감 선을 제작하는 방법은 단조, 감기, 꼬기, 접기 같은 다양한 방법이 있었다. 고대 한일 상감에 이르는 계보를 보면 모조 기법의 홈과 감기나 꼬기 기법의 선을 특징하는 북방식 방법과 축조 기법의 홈과 단조 선을 특징하는 중국식 방법이 있다.

한반도에서 발견되는 상감 유물은 주로 5세기 후반부터 6세기 전반의 것이다.

---

7) 임지영 지음, 『고대 금속상감에 대한 시론』.

상감 홈의 제작 기법

1. 축조와 모조

축조 기법은 끌의 날 모서리를 비스듬하게 세운 상태에서 망치로 두드리면 끌의 형태대로 바탕 금속이 늘어나면서 이등변삼각형 형태의 홈이 만들어지게 되는데, 이 작업을 반복하면 쐐기 모양이 연속되어 한 줄의 홈을 형성한다. 반면에 모조 기법은 홈의 형태만큼 바탕 금속을 제거하는 방법이다.

쉽게 이야기하면 축조는 눌러서 홈을 만들고 모조는 파내서 홈을 만드는 것이다.

칠지도는 기본적으로는 축조 기법으로 제작되어 있다.

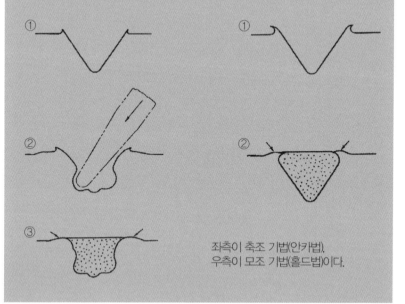

좌측이 축조 기법(안카법),
우측이 모조 기법(홀드법)이다.

2. 상감 선의 제작 기법

상감 홈에 감입하는 용도의 상감 선은 직경 1밀리미터 내외의 금이나 은, 동을 소재로 한 금속 선이 대부분이나 수은 아말감으로 상감 홈 내부를 채워 넣는 방법도 일부 발견된다.

3. 상감 홈 파기

아래 그림은 복원 제작한 축조와 모조용 끌을 이용하여 제작, 각각의 상감 홈 표면과 단면을 비교한 것이다. 모조 기법에 비해 축조 기법에 의한 홈 주변의 돌기가 더 융기되어 두드러진 것이 관찰된다.

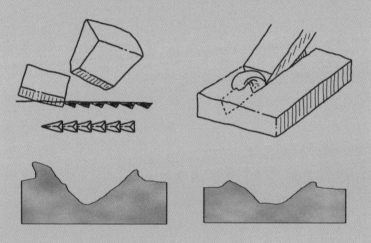

4. 상감 선 감입과 연마

상감 선을 홈에 맞춰 끼운 후 상감 선 위에 끌을 놓고 망치로 두드려 홈에 고정시킨다. 그런 뒤에 마지막으로 이러한 홈 주변 돌기나 홈 주변의 금속 선은 연마 과정에서 모두 제거된 후 완성된다.

2-3. 칠지도 제작 연도에 대한 주장들

지금까지 칠지도[8] 제작 연도에 대한 여섯 가지 주장이 있다.

첫째, 268년 설이다. 간마사토모는 명문에 나타난 '태□4년泰□四年'을 중국 서진西晉의 연호인 태시泰始 4년으로 해석하여 268년이라고 주장하였다.

둘째, 369년 설이다. 1945년 이후에는 이를 동진東晉의 연호인 태화太和 4년으로 해석하여 칠지도가 369년에 제작되었다는 설이 통용되었다.

셋째, 408년 설이다. '십□월十□月'을 11월로 보아 11월 16일에 병오丙午의 간지가 나타난 408년에 제작되었다고 보는 학설이 있다

넷째, 468년 설이다. 필자가 옳다고 여기는 해이다.

다섯째, 480년 설이다. 북위北魏의 연호인 태화太和 4년(480년)을 제작 연대로 보는 학설이 있다.

여섯째, 6세기 설이다. 일부 학자는 금상감 기법으로 장식된 칼이 5세기 후반 이후가 되어서야 나타난다는 점에서 칠지도를 6세기 이후에 제작된 것으로 보기도 한다.

이 중에서 음양오행설에 따른 수신기에 기록된 양이 가장 성한 때에 만들어진 시기가 있는가가 중요하다.

　夫金之性一也

---

8) <두피디아>, http://www.doopedia.co.kr/doopedia/master/master.do?_method=view&MAS_IDX=101013000861677

以五月丙午日中鑄 爲陽燧
以十一月壬子夜半鑄 爲陰燧
부금지성일야
이오월병오일중주 위양수
이십일월임자야반주 위음수

'泰□四年 五月十六日 丙午正陽'에서 음력 5월 16일이 하지에 해당하는 연도를 찾아보았다.

상기한 268년, 369년, 408년, 468년, 480년의 음력 5월 16일을 원광 만세력 프로그램을 통해서 양력으로 치환하면 다음과 같이 치환되었다.

음력 268년 5월 16일 ⇒ 양력 268년 6월 13일
음력 369년 5월 16일 ⇒ 양력 369년 7월 7일
음력 408년 5월 16일 ⇒ 양력 408년 6월 26일
음력 468년 5월 16일 ⇒ 양력 468년 6월 22일
음력 480년 5월 16일 ⇒ 양력 480년 6월 11일

이상으로 볼 때 468년 5월 16일이 양기가 가장 성한 하지에 해당하니, 468년 5월 16일 정오가 수신기에 나오는 철을 제조하는 원리에 일치하는 시기이다.

2-4. 육안 관찰을 근거로 한 연과 월 사이가 한 글자인 증거

첫째, 앞면에서 년과 월 앞이 한 글자 또는 두 글자인지 알기 위해서 두 글자를 사이에 둔 간격을 측정해 보았다. 동일한 길이에 앞면은 34자 혹은 35자이고, 뒷면은 27자이므로 글자 간격에 차이가 난다. 글자의 중심점을 가상의 점으로 삼아 실거리가 아닌 간격의 비율을 측정했다.

먼저, 한 글자에 해당된다고 가정하면,

泰□四年 泰와 年 사이의 간격 6.0

□四年□ 글자의 중앙을 비정하기 어려움

四年□月 年과 月 사이의 간격 6.7

年□月十 年과 十 사이의 간격 6.0

□月十六 글자의 중앙을 비정하기 어려움

月十六日 月과 日 사이의 간격 5.5

十六日丙 十과 丙 사이의 간격 5.3

六日丙午 六과 午 사이의 간격 5.6

日丙午正 日과 正 사이의 간격 6.0

丙午正陽 丙과 陽 사이의 간격 6.5

午正陽造 午와 造 사이의 간격 7.2

正陽造百 百자는 희미해서 글자의 중앙을 비정하기 어려움

陽造百鍊 陽과 鍊 사이의 간격 6.8

造百鍊□ □자의 글자의 중앙을 비정하기 어려움

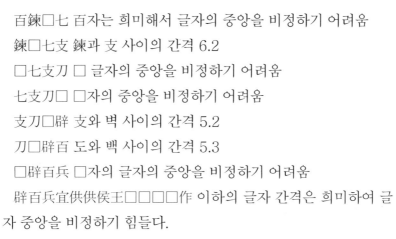

百鍊□七 百자는 희미해서 글자의 중앙을 비정하기 어려움

鍊□七支 鍊과 支 사이의 간격 6.2

□七支刀 □ 글자의 중앙을 비정하기 어려움

七支刀□ □자의 중앙을 비정하기 어려움

支刀□辟 支와 벽 사이의 간격 5.2

刀□辟百 도와 백 사이의 간격 5.3

□辟百兵 □자의 글자의 중앙을 비정하기 어려움

辟百兵宜供供侯王□□□□作 이하의 글자 간격은 희미하여 글자 중앙을 비정하기 힘들다.

글자 자형의 크기가 획수가 많아지면 커지는 경향이 있고 글자 간격도 일정하지는 않으나, 초반부에는 일정한 편이고 후반부로 갈수록 약간은 좁아지는 것이 관찰된다. 이는 초반부에는 간격에 신경을 쓰다가 생각보다 공간이 남지 않게 되자 간격을 약간 줄인 것으로 보인다.

초반부의 글자 간격을 기준으로 볼 때 年과 月 사이에는 한 글자가 맞다. 두 글자로 가정하면, 年□□月 年과 月 사이가 4.3이 되어 초반부의 글자 간격과 차이가 많이 난다. 자획이 십일十一과 비슷한 월십육일月十六日에서 월과 일의 간격이 5.5가 됨과 비교해 볼 수 있다. 더구나 年자에서 丨의 아래삐침이 더 내려오고, 一이 五자의 두 번째 횡 一이거나 세 번째 횡 一이라면 4.3보다 간격은 훨씬 더 좁아진다.

둘째, 일반적으로 마모되거나 떨어져 나간 부위는 있지만 단조 위에 제거되지 않는 불순물이 있다고 보기 힘들고, 다른 부위에서는 불순물이 모두 제거되었는데 유독 十자 위에만 있다고 보기 힘들다.

아래 사진 상으로 보아도 一자가 씌어 있는 본체를 보면, 만들어질 때보다 마모되어 떨어져 나간 것을 알 수 있다. 一자에 해당하는 본체와 十

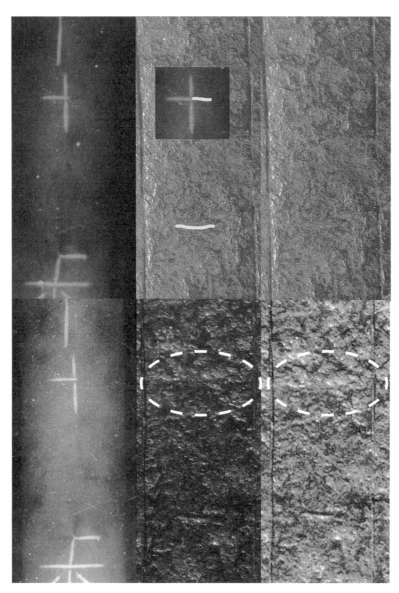

복원된 칠지도 표면에 선명하게 드러난 제5자인 '十'과 제6자인 '一'

자에 해당하는 본체가 동일한 면으로 육안으로도 확인 가능하다. 칠지검은 본체의 보존 상태가 좋고 사진에서 보는 것처럼 一자의 동일면의 본체이고 어떤 불순물이 있어 보이지 않으며, 만약 있다면 보존 과정에서 제거되었을 것이다. 따라서 十자로 추정되는 글자 위에 불순물이 있다고 보기 어렵다.

셋째, 십자의 횡 一자를 따라 상하로 밀어붙인 것 같은 면이 관찰된다.(36쪽 사진의 동그라미 부분)

2-5. 엑스레이 상에 나타난 十자를 표면의 글자로 확정할 수 없는 이유

엑스레이로 글자가 보인다는 것은 전면 표면, 본체 속, 후면 표면 이 셋 가운데 하나이다. 반드시 표면에 있는 글자라고만 말할 수 없다. 또한 엑스레이는 본체 표면에 있는 글씨를 파악하기 위한 것이 아니라 불순물에 덮여 숨어 있는 글자를 찾는 것인데, 불순물이 쌓여 있다는 증거가 없다.

오히려 육안으로 관찰한 소견은 다음과 같다. 즉, 앞면과 뒷면의 표면 글자가 아니라면 본체 속에 있는 글자라고 할 수 있는데, 간격에 의한 오자를 단지 본체를 밀어 메우면 다 채워지지 않기 때문에, 금상감으로 홈의 일부를 메우고 나머지를 정으로 밀어 메웠을 것으로 의심할 수 있다.

이 같은 가설이 기술적으로 가능한지 검토해 보았다.

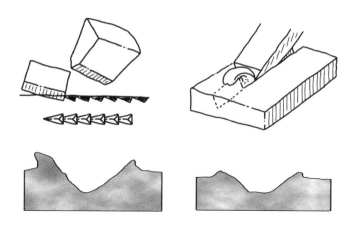

상기 그림처럼 칠지도는 축조 기법으로 상감된 것으로써, 양쪽으로 산처럼 솟아오른 돌기 부분을 일부 금상감한 후에 글자 쪽으로 쳐서 메워 글자를 지우는 게 가능하다.

2-6. 칠지도 제작 연도의 비정

지금까지의 검토 결과 제조 연도의 비정 및 글자는 다음과 같음이 분명하다.

태시사년泰始四年 오월십육일五月十六日 병오정양丙午正陽
⇒468년 음력 5월 16일 정오

즉, 서기 468년 6월 22일 하지(양력 기준) 정오이다.

3. 명문 구조 및 해석

3-1. 명문 구조

2-6의 결론에 따라 앞면은 泰□四年□月十六日丙午正陽으로 표기되어 있음을 알 수 있으며 이는 제작 연월과 일시를 가리킨다.

또한 그를 통하여 조백련□칠지도□벽백병의공공후왕造百鍊□七支刀□辟百兵宜供供侯王는 칠지도의 제작 과정과 특징, 그리고 전달 대상을 특정한 문장임을 알 수 있는 것이다.

그리고 □□□□作은 물론 제작자로 추정하는 것이 마땅하다.

다음으로 뒷면의 앞 문장 先世以來未有此刀는 칠지도의 독창성에 대해 설명한 문장이다.

이어지는 문장 百濟□世□奇生聖音故爲倭王旨造□□□世는 칠지도의 제작 이유와 전달 대상, 그리고 목적에 대해 설명하고 있다.

3-2. 명문 해석

泰□四年□月十六日丙午正陽
태□사년□월십육일병오정양
⇒태시 4년(서기 468년) 음력 5월 16일(양력 6월 22일 하지) 화창한 날 정오에

造百鍊□七支刀□辟百兵宜供供侯王
조백련□칠지도□벽백병의공공후왕
⇒강철을 수없이 두들겨 만든 단조로 칠지도를 만들었고, 한 번에 백 명의 병사를 물리칠 수 있으니 마땅히 (군군軍君이자 좌현왕인) 후왕에게 하사한다.

□□□□作
⇒판독 불가한 글자가 네 글자나 있으나 글의 전개상 제작자로 추정하는 게 마땅하다.

先世以來未有此刀
선세이래미유차도
⇒이와 같은 모양의 칼은 지금까지 아직 없었던 것으로 이번에 처음 만들어진 독창적인 칼이다.

百濟□世□奇生聖音故爲倭王旨造□□□世

백제□세□기생성음고위왜왕지조□□□세

⇒백제 왕세자 기岐(후에 문주왕文周王이 되고 여기餘紀에 해당)에 게서 왕세손(개로왕의 장손이자 삼근왕三斤王의 탄생 시 울음소 리)이 태어나니, 고로 이를 기념하여 왜왕지(개로왕의 둘째이자 문주왕의 동생인 곤지이며 여곤餘昆에 해당)를 위하여 칠지도를 제조하니 전시후세하라.

4. 4~5세기 백제와 왜의 관계를 통해 본 칠지도 명문의 해석

4-1. 명문에 나오는 명칭 이해를 위한 전제들

 칠지도에 나오는 후왕侯王을 이해하기 위해서는 백제가 왕과 그 아래 제후왕諸侯王을 둔 것에 대하여 알아야 한다. 이것은 중국의 황제와 그 아래 여러 후왕(제후)을 둔 것과 같은 이치이다.

 『송서』[9] 「동이전」 백제조에 의하면 대명 1년(개로왕 3년, 457년)에 송나라에 표를 올려 개로왕이 진동대장군鎭東大將軍이라는 관작을 받고, 대명 2년(개로왕 4년, 458년)에 왕자들과 신하 열한 명이 각각 다음과 같이 작위를 받는다.

> 行寇大將軍 右賢王 1餘紀는 寇軍將軍으로
> 行征虜將軍 左賢王 2餘昆과 行征虜將軍 3餘暈은 征盧將軍으로
> 行輔國將軍 4餘都와 5餘乂는 輔國將軍으로
> 行龍驤將軍 6沐衿과 7餘爵은 龍驤將軍으로
> 行寧朔將軍 8餘流와 9麋貴는 寧朔將軍으로

---

9) 김부식 지음, 이병주 역주, 『삼국사기 · 하』, 54쪽, 을유문화사.

行建武將軍 10于西와 11餘婁는 다 建武將軍으로 삼았다.

⇒행구대장군 우현왕 여기는 구군장군으로

행정로장군 좌현왕 여곤과 행정로장군 여훈은 정로장군으로

행보국장군 여도와 여예는 다 보국장군으로

행용양장군 목금과 여작은 용양장군으로

행녕삭장군 여류와 미귀는 영삭장군으로

행건무장군 우서와 여루는 다 건무장군으로 삼았다.

여기서 여기餘紀는 개로왕의 첫째아들인 문주왕의 이름이고, 칠지도 명문에 해당하는 기흠와 동일 인물로 봐야 한다. 또한 왜왕지倭王旨는 곤지昆支의 지支이며 여곤餘昆의 지旨에 해당한다. 여餘는 부여씨夫餘氏, 즉 성씨를 말하는 것으로 보는 것이 타당하다.

성음聖音이 개로왕의 장손이 태어날 때의 울음소리를 의미한다고 할 때, 삼근왕三斤王은 재위기간이 477년 9월에서 479년 11월이므로 10세에 왕위에 올라 12세에 사망한 것으로 봐야 할 듯하다.

공공供供에 대한 해석에서도 후왕이자 둘째아들인 곤지왕에게 수여하는 것이므로 헌상에 대한 논쟁은 더 이상 불필요하다.

또한 곤지는 『삼국사기』에는 개로왕의 아들로 나오고 『일본서기』에는 개로왕의 동생으로 나오나 작위가 우현왕이 좌현왕보다 한 급 위이기 때문에 개로왕의 둘째아들로 보아 『삼국사기』의 기록이 더 합당함을 알 수 있다.

왜냐하면 왜왕지[10]가 송에 보낸 송서를 보면 아버지와 형이 갑작스럽게 상을 당하여 고구려를 치지 못했다는 내용이 나오는데, 여기서 아버지

---

10) 『본서』, 왜왕 무의 송에 보낸 국서 전문 독해.

와 형은 각각 개로왕과 문주왕에 해당되기 때문이다.

선세이래미유차도先世以來未有此刀 이 문장을 액면 그대로 받아들인다면 『일본서기』에 나오는 372년 칠지도가 468년의 칠지도를 372년의 칠지도로 기록했거나 동일하지 않거나 둘 중 하나일 것이다.

왕세자라는 호칭과 관련해서는 세자世子라는 말이 원래 제후국의 왕자로서, 제후 왕위에 오를 왕자를 이르는 호칭이다. 이 호칭은 고려 충선왕이 세자 지위에 오른 충렬왕 3년(1277년) 이후부터 쓰이기 시작하다가 조선시대에 들어서서야 일반적으로 쓰이기 시작했다. 따라서 세자란 호칭이 왕세자를 가리킨다고 볼 수 없다는 의견이 있다.

그러나 1차 사료인 광개토대왕 비문에는 고명세자유류왕이도흥치顧命世子儒留王以道興治(유언에 따라 세자 유리왕이 도리로써 정치를 진흥시켰고)라고 나온 것처럼 분명 광개토대왕과 그 아들 장수왕 치세라는 고구려 최성기에도 비문상으로는 세자라는 용어를 썼음을 알 수 있다.

따라서 왕세자로 비정할 수 있으며, 뒤에 오는 기가 여기餘紀의 기와 동일한 소리를 차용한 한문이기에 왕세자임이 더욱 분명하다.

造□□□世는 조전시후세造展示後世로, '만들어 보내니 후세에 전하여 보이라' 로 보는 게 마땅하다. □□□ 글자를 특정하지 못한다는 의견도 있으나 특정하지 못하더라도 문맥상 달라질 것은 없어 보인다.

4-2. 4~5세기 백제와 왜의 관계

『일본서기』[11]에는 백제가 가야연맹의 일원인 탁순국을 통해 왜로 가는 방법에 대한 정보를 얻었다고 기록되어 있다. 백제는 왜 진출 자체도 가야의 영향을 받았지만, 왜에 진출하기 위한 구체적인 방법과 경로 역시 가야의 도움을 받았음을 알 수 있다.

근초고왕 치세는 백제의 최전성기로 『일본서기』에는 364년 백제왕이 왜 진출로를 찾기 위해 신하들을 가야에 파견하였지만 왜와 접촉하지 못했다. 그러다가 2년 후인 366년에 그 소식을 듣고 온 왜인들과 접촉에 성공하고, 367년 백제가 일본으로 건너가 왜 사이에 공식적인 교류가 시작되는 것으로 나와 있다.

367년 이후의 백제와 왜의 동맹관계는 다음 장에서 이야기할 광개토대왕비문의 신묘년조의 해석에도 지대한 영향을 준다.

신공황후[12] 49년인 369년(기사년조) 봄 3월에 황전별, 녹아별을 장군으로 임명하였다. 그리하여 구저 등과 함께 군사를 정돈하여 바다를 건너가 탁순국에 이르러 신라를 공격하고자 하였다. 그때 누군가가 "군사의 수가 적어서 신라를 깨뜨릴 수 없습니다 그러니 다시 사백개로를 보내 군사를 증원해 달라고 요청하십시오"라고 말하였다. 곧 목라근자, 사사노궤(이 두 사람의 성은 알 수 없다. 다만 목라근자는 백제의 장군이다)에게 명령하여 정병을 이끌고 사백개로와 함께 가도록 하였다. 그 후 모두 탁

---

11) 박호균 지음, 『칠지도 명문』, 67~70쪽, 북랩.

12) 연민수 외, 『역주 일본서기1』, 500~502쪽, 동북아역사재단.

순국에 집결하여 신라를 공격하여 깨뜨리고 비자발, 남가라, 탁국, 안라, 다라, 탁순, 가라 7국을 평정하였다. 그리고 군사를 서쪽으로 돌려서 고해진에 이르러 남만南蠻인 침미다례를 무찌르고 백제에게 주었다.

당시 왜의 장수들은 신라를 공격하기 위해 왜에 체류 중이던 백제 사신들과 함께 군사를 정돈하고 전쟁 준비를 하고 있었다. 위의 기록에서 언급된 구저와 미주류, 막고 3인이 바로 백제 사신들이다. 이들은 백제와 왜가 연합하여 한반도 남부 지역을 공략하기 2년 전인 367년부터 이미 왜에 들어와 있었다.

이후 이들은 가야연맹 일원인 탁순국으로 건너갔다. 그런데 군사가 적다고 판단되어 좀 더 많은 군사를 본국(왜)에 요청하였다. 그러자 신공황후는 탁순국으로 증원군을 보내주는데, 이 증원군을 지휘하는 장수 중 한 명이 바로 백제 장군 목라근자이다. 목라근자는 그저 출신지가 백제인 것이 아니라 원문의 주석에도 나와 있듯이 말 그대로 백제의 현직 장군이었던 것이다.

왜는 백제와 연합하여 신라와 가야에 대한 공격 준비단계에서 실제 전투까지 모든 과정을 함께하고 있다. 누가 갑이고 누가 을인지 아니면 수평적인 동맹관계인지는 차치하고 이렇듯 백제와 왜는 분명한 연계가 367년부터 있었다.

이제 369년 전쟁 후의 결과들을 보자.

신공황후 치세 50년인 370년 5월에 천웅장언, 구저 등이 백제에서 돌아왔다. 이에 신공황후는 기쁘게 맞이하며 구저에게 "바다 서쪽에 여러 한을 이미 너희 나라에게 주었다"고 말한다.

백제가 멸망(662년)하고 58년이 지난 720년 일본의 입장에서 과거의 사실을 황후가 사사했다고 서술했지만, 같이 피를 흘리고 전쟁을 한 뒤에

전리품을 가져가는 쪽이 갑이 아니겠는가?

게다가 침미다례를 남만, 즉 남쪽의 오랑캐라고 한 것은 백제를 중심으로 한 방위 관점임을 볼 때 백제 주도의 전쟁이었음을 또한 알 수 있다.

그러나 이때의 백제 역시 육군이 주력이어서 대양을 건너 왜를 복속시킬 여력은 없었다고 본다. 백제는 왜의 용병이 필요하고 왜는 백제의 앞선 문화가 필요해서 서로 이해관계가 맞아떨어진 동맹이라고 봐야 할 듯하다.

신공황후는 "짐이 친히 교류하는 백제국은 하늘이 내려주신 것이지 인간에 의한 것이 아니다. 완호玩好, 진물珍物은 우리나라에 일찍이 없었던 것인데 해를 거르지 않고 항상 와서 공물을 바치고 있다. 짐은 그 정성을 생각할 때마다 항상 기쁘다. 짐이 (죽은 뒤에도) 살아 있을 때와 마찬가지로 두터이 은혜를 베풀라"고 명하였다.

그 해에 친웅장언을 구저 등에게 딸려서 백제국에 보냈다. 그리하여 큰 은혜를 내리며 "짐은 신의 가르침에 따라 처음으로 길을 열어 바다의 서쪽을 평정하여 백제국에 하사하였다"고 말했다. 이 표현 역시 왜의 군사력 제공에 대한 일본 측 입장의 서술이라고 보면 될 듯하다.

근초고왕 재위 때인 367년부터 시작된 백제와 왜의 관계는 아신왕 때인 397년에 태자 전지를 백세에 파선함으로써 분국이나 담로의 역할로 바뀐 것으로 보인다.

『삼국사기』에는 아신왕 6년인 397년에 '하오월夏五月 왕여왜국결호王與倭國結好 이태자전지위질以太子腆支爲質'이라는 구절이 나온다. 여기서 질質은 미사흔이나 복호와 같이 왜나 고구려에 이른바 볼모로 간 경우와는 차이가 있어 보인다.

박재상이 목숨을 걸고 고구려를 속이고 복호를 구해서 신라왕 눌지마립간과 상봉케 하고, 또 다시 미사흔을 신라로 보내기 위해 왜로 가서 죽음으로써 자신을 희생한 끝에 신라로 보낸 이야기 속의 인질과는 차이가 난다.(『삼국유사』)

일본에 가 있던 전지가 405년 아신왕이 죽었다는 소식을 듣고 백제로 돌아오려는데, 안전을 위해서 100여 명의 수행군을 같이 보낸다. 전지의 숙부 설례가 왕위를 찬탈했다는 소식을 듣자 해도에 의거했다가, 나라 사람들이 설례를 죽이자 이후 한성으로 같이 진입하여 재위에 오른다.(『삼국사기』 「백제본기」)

468년 칠지도에 쓰인 명문으로 볼 때 개로왕 때 곤지가 왜에 간 패턴과 아신왕 때 전지가 간 패턴이 같음을 유추할 수 있다. 따라서 분국왕 또는 담로의 지위로 백제와 왜의 관계가 시작된 표현이 왕여왜국결호王與倭國結好로 이해할 수 있을 것이다.

1145년 김부식(경주 김씨)에 의해 쓰인 질質이라는 표현은 김부식 본인도 말했다시피 사료가 부족하여 나타난 착오이거나, 백제의 분국 제도에 대한 이해 부족에서 오는 표현이라고 할 수 있다.

왜와 중국과의 외교 관계는 왜의 후미코 여왕이 친위왜왕親魏倭王의 칭호를 받고 239년부터 266년까지 유지되다가 266년 이후 413년까지 단절된다. 그러다가 동진(317~419), 중국 남조의 송(420~479)과 413년부터 478년까지 60여 년 동안 외교 관계가 복원되어 교류한다. 그리고 이후 600년까지 다시 중국과의 외교 관계가 단절된다.

이때 남조 송나라에 사신을 보내고 관작을 받은 다섯 명의 왜왕들, 즉 찬讚, 진珍, 제濟, 흥興, 무武라는 휘諱(임금의 이름)를 받은 다섯 사람의 왜왕이 순서대로 『송서宋書』 「왜국전」에 나온다. 이 기간은 전지부터 시작해서 곤지까지 백제의 왕자들이 좌현왕으로 일본에 갔던 시기

(397~475)와 거의 일치한다.

물론 『삼국사기』 「백제본기」 상에는 475년 곤지가 백제로 넘어가고, 477년 사망한 것으로 나왔지만 말이다. 이에 대한 설명으로는 다음 두 가지 경우가 가능할 것이다.

첫 번째, 『삼국사기』의 연대가 광개토대왕비의 연대와 비교해 볼 때 실제 일 년의 차이를 보이는 경우가 있다. 예를 들면 신라가 391년 실성을 고구려에 인질로 보낸 사건과(「신라본기」에는 392년, 「고구려본기」에는 391년 봄에 해당하는 것으로 기록되어 있다) 396년 고구려 담덕의 백제에 대한 2차 공격 사건이다.(「백제본기」 395년에 나오는 아신왕 4년 이야기와 동일하다.)

그리고 곤지가 백제로 475년 돌아갔지만, 분국왕 왜왕의 신분을 그대로 가지고 있었을 경우의 2년을 합하면 3년 차이가 난다.

두 번째, 『삼국사기』와 『일본서기』에도 3년 차이가 나는 사건들이 있다. 예를 들면 금관가야의 멸망 시기를 『삼국사기』는 532년으로, 『일본서기』는 529년으로 기록하고 있다.

또한 『송서』 「왜국전」[13]에는 왜무왕(倭武王)이 송나라에 보낸 국서가 있는데, 이 국서에서 왜왕 무는 자신의 선조에 대한 회고로부터 시작하여 선조들이 수많은 정복 활동을 통하여 일본을 정벌해 나갔다는 사실과 자신의 부형父兄의 이야기, 즉 송나라와의 교섭을 방해하는 고구려에 대한 규탄과 함께 부형이 고구려를 정벌하려 했음을 말하고 있다.

그리고 그 가운데서 '고구려가 무도하여 변예(백제)를 노략질하고 (…) 신의 부왕께서 백만의 대군을 몰아 이들을 토벌하려 하였으나 갑자기 부

---

13) 김운회 지음, 『새로 쓴 한일고대사』, 315~317쪽, 동아일보사.

모님과 형님의 상을 당하여 긴 세월을 상중에 있게 되었습니다. 하지만 지금(478년)에 이르러 때가 되어 다시 병갑을 가다듬고 부형의 유지에 따라 적의 강토를 무찌르겠습니다' 라는 구절이 있다.

475년에 개로왕이 죽고, 477년에 문주왕이 사망한다. 이 시기에 백제와 일본을 통틀어 왕족들이 대거 사망한 사건이 이 사건밖에 없다.

또 한 가지는 472년에 작성된 개로왕이 북위에 보낸 국서 내용과 478년에 작성된 왜 무왕이 송에 보낸 상표문을 비교해 보면 다음과 같은 공통점을 발견된다.

첫째, 중국의 고전을 다수 인용하고 있다.

둘째, 기본적인 문장 구조가 동일하다.

셋째, 고구려에 대해 매우 적대적인 감정을 표출하고 있다.

넷째, 고구려를 정벌할 계획이니 군사적인 지원을 요청하고 있다.

다섯째, 문서 작성 시기가 근접해 있다(6년차)는 점이다.

472년 개로왕이 북위에 보낸 국서의 내용을 보자.

臣與高句麗源出夫餘 先世之時 篤崇舊款. 其祖釗輕廢鄰好 親率士衆陵踐臣境. 臣祖須整旅 電邁 應機馳擊 矢石暫交 梟斬釗首. 自爾已來 莫敢南顧. 自馮氏數終 餘燼奔竄 醜類漸盛 遂見陵逼 構怨連禍 三十餘載 財殫力竭 轉自屈跛. 若天慈曲矜 遠及無外 速遣一將 來救臣國 當奉送鄙女 執掃後宮 並遣子弟 牧圉外廐. 尺壤匹夫不敢自有.

신여고구려원출부여 선세지시 독숭구관. 기조소경폐린호 친솔사중 릉천신경. 신조수정여전매 응기치격 실석잠교 효참소수. 자이이래 막감남고. 자빙씨수종 여신분찬 추류점성 수견릉핍 구원연 화 삼십

여재 재탄력갈 전자잔적. 약천자곡궁 원급무외 속유일장 내구신국
당봉송비녀 집소후궁 병유자제 목어외구. 척양필부불감자유.

又雲:今璉有罪 國自魚肉 大臣強族 戮殺無已 罪盈惡積 民
庶崩離. 是滅亡之期 假手之秋也. 且馮族士馬 有鳥畜之戀;
樂浪諸郡 懷首丘之心. 天威一擧 有征無戰. 臣雖不敏 志效
畢力 當率所統 承風響應. 且高麗不義 逆詐非一 外慕隗囂藩
卑之辭 內懷兇禍豕突之行. 或南通劉氏 或北約蠕蠕 共相脣
齒 謀陵王略. 昔唐堯至聖 致罰丹水;孟常稱仁 不捨塗詈. 涓
流之水 宜早壅塞 今若不取 將貽後悔. 去庚辰年後 臣西界小
石山北國海中見屍十餘 並得衣器鞍勒 視之非高麗之物 後
聞乃是王人來降臣國. 長蛇隔路 以沉於海 雖未委當 深懷憤
恚. 昔宋戮申舟 楚莊徒跣;鷂撮放鳩 信陵不食. 克敵建名 美
隆無已. 夫以區區偏鄙 猶慕萬代之信 況陛下合氣天地 勢傾
山海 豈令小豎 跨塞天逵. 今上所得鞍一 以爲實驗.
우운:금련유죄 국자어육 대신강족 육살무이 죄영악적 민서붕리.
시멸망지기 가수지추야. 차빙족사마 유조축지련;낙랑제군 회수
구지심. 천위일거 유정무전. 신수불민 지효필력 당솔소통 승풍향
응. 차고려불의 역사비일 외모외효번비지사 내회흉화시돌지행.
혹남통유씨 혹북약연연 공상순치 모릉왕략. 석당요지성 치벌단
수;맹상칭인 불사도리. 연류지수 의조옹색 금약불취 장태후회.
거경진년후 신서계소석산북국해중견시십여 병득의기안륵 시지
비고려지물 후문내시왕인래강신국. 장사격로 이침어해 수미위
당 탐회분에. 석송륙신주 초장도선;요촬방구 신릉불식. 극적건명
미륭무이. 부이구구편비 유모만대지신 황계하합기천지 세경산

해 기령소수 과새천규. 금상소득안일 이위실험.

국서의 문장구조를 살펴보면 먼저 선조들의 과거의 영광과 업적을 기리고, 다음으로는 현재 상황이 매우 어려운데 그 원인은 고구려 때문이라는 점을 부각시키고 있다. 즉, 더욱 충성스러운 신하로 남고 싶은데 고구려 때문에 그렇게 할 수가 없으니 군사적으로 도움을 바란다는 내용이다.

다음은 왜왕 무의 국서를 살펴보자.

順帝昇明二年 遣使上表曰:'封國偏遠 作藩於外 自昔祖禰 躬擐甲冑 跋涉山川 不遑寧處. 東征毛人五十五國 西服衆夷六十六國 渡平海北九十五國 王道融泰 廓土 遐畿 累葉朝宗 不愆於歲. 臣雖下愚 忝胤先緒 驅率所統 歸崇天極 道逕百濟 [一三]裝治船舫 而句驪無道 圖欲見呑 掠抄邊隷 虔劉不已 每致稽滯 以失良風. 雖曰進路 或通或不. 臣亡考濟實忿寇讎 壅塞天路 控弦百萬 義聲感激 方欲大擧 奄喪父兄 使垂成之功 不獲一簣. 居在諒闇 不動兵甲 是以偃息未捷. 至今欲練甲治兵 申父兄之志 義士虎賁 文武效功 白刃交前 亦所不顧. 若以帝德覆載 摧此强敵 克靖方難 無替前功. 竊自假開府儀同三司 其餘鹹各假授 [一四]以勸忠節.' 詔除武使持節 都督倭新羅任那加羅秦韓慕韓六國諸軍事 安東大將軍 倭王.'(『宋書』「倭國傳」)

순제승명이년 견사상표왈: '봉국편원 작번어외 자석조녜 궁환갑주 발섭산천 부황녕처. 동정모인오십오국 서복중이륙십륙국 도평해배구십오국 왕도융태 곽토 하기 누섭조종 부건어세. 신수하우 첨윤선서 구률소통 귀숭천극 도경백제 [일삼]장치선방 이구

려무도 도욕견탄 략초변례 건류부이 매치계체 이실량풍. 수왈진
노 혹통혹부. 신망고제실분구수 옹새천노 공현백만 의성감격 방
욕대거 엄상부형 사수성지공 부획일궤. 거재량암 부동병갑 시이
언식미첩. 지금욕련갑치병 신부형지지 의사호분 문무효공 백인
교전 역소부고. 야이제덕복재 최차강적 극정방난 무체전공. 절
자가개부의동삼사 기여함각가수 [일사]이권충절.' 조제무사지
절 도독왜신나임나가나진한모한류국제군사 안동대장군 왜왕.'
(『송서』「왜국전」)

여기에서도 역시 선조의 업적을 기리는 것으로 시작하여 선조들이 수
많은 정복 활동을 통하여 일본을 정벌해 나갔으며, 고구려가 변예(百濟)를
노략질하여 중국으로 가는 길을 막아 송나라와의 교섭을 방해한다고 고
구려를 비난하고, 자신이 고구려를 공격하기 위해 준비하다가 갑자기 아
버지와 형의 사망으로 뜻을 이루지 못했다고 하고 있다.

위의 두 상표문을 보면 동일한 이해관계를 가진 집단이나 인물에 의해
서 쓰인 글임을 쉽게 알 수 있다.

다음은 『송서』[14]에 나오는 왜왕의 관직에 대하여 살펴보자.

421년 왜왕이 남조의 송에 조공해 온 이래 438년 왜왕 진珍이 '사지절
도독使持節都督 왜倭 백제百濟 신라新羅 임나任那 진한秦韓 모한慕韓 육국
제군사六國諸軍事 안동대장군安東大將軍 왜국왕倭國王'을 자칭하며 승인

14) <『宋書』에 나오는 '왜왕의 도독제군사호 요청'을 통해서 바라보는 5세기의 한일관계>, 3
쪽, happy campus.
홍성화 지음, <5세기 백제의 정국 변동과 왜 5왕의 작호>, 『한국고대연구사』 제60권, 77~78
쪽, 한국고대사학회, 2010.

해 주기를 요청하고, 451년에는 왜왕 제濟가 '사지절도독使持節都督 백제百濟 왜倭 신라新羅 임나任那 가라加羅 진한秦韓 모한慕韓 육국제군사六國諸軍事 안동대장군安東大將軍 왜국왕倭國王'을 요청했으나, 안동대장군 왜국왕과 백제를 제외하고 가라를 포함시켜 송은 왜왕 제濟에게 '사지절도독使持節都督 왜倭 신라新羅 임나任那 가라加羅 진한秦韓 모한慕韓 육국제군사六國諸軍事'를 내렸다

478년에는 왜왕 무武가 '사지절도독使持節都督 왜倭 백제百濟 신라新羅 임나任那 가라加羅 진한秦韓 모한慕韓 칠국제군사七國諸軍事 안동대장군安東大將軍 왜국왕倭國王'을 요청하자 백제를 제외한 왜倭 신라新羅 임나任那 가라加羅 진한秦韓 모한慕韓 육국제군사六國諸軍事 안동대장군安東大將軍 왜국왕倭國王'을 다시 내려주었다.

제3자인 중국의 남조 송나라가 당시 한반도와 일본 열도에서 일어나는 일에 어두웠다면, 그리하여 형식적으로 작위를 수여한 것이라면 왜왕이 표를 올려 해달라는 대로 해주었을 것인데 굳이 백제를 포함시키지 않은 것은 객관적으로 상황을 보고 있었다는 증거이다. 이것은 반대로 왜왕이 왜 신라 임나 가야 진한 모한 6국에 대하여 실질적 지배권을 가지고 있다고 중국의 남조 송나라에서 객관적으로 보고 있다는 증거이기도 하다.

왜가 안동대장군安東大將軍의 작호를 부여받을 때 백제와 고구려는 이미 각각 진동대장군鎭東大將軍과 정동대장군征東大將軍의 칭호를 받는 시기이다. 즉, 백제의 분국이자 좌현왕의 지위로서 백제의 왕자들이 왜에가 있던 시기에 중국의 권위에 의해 일본 열도 내에서 왕권을 더욱 공고히 하기 위해서인 것으로 보인다.

한반도와 일본열도를 객관적으로 바라보는 중국 남조 송나라가 준 작위의 명칭에 대해서 살펴보자.

앞에서 언급했듯이 438년 왜왕 진珍이 '사지절도독使持節都督 왜倭 백제百濟 신라新羅 임나任那 진한秦韓 모한慕韓 육국제군사六國諸軍事 안동대장군安東大將軍 왜국왕倭國王'을 자칭하며 승인해 주기를 요청했다.

451년에는 왜왕 제濟가 '사지절도독使持節都督 백제百濟 왜倭 신라新羅 임나任那 가라加羅 진한秦韓 모한慕韓 육국제군사六國諸軍事 안동대장군安東大將軍 왜국왕倭國王'을 요청했으나, 안동대장군 왜국왕과 백제를 제외하고 가라를 포함시켜 송은 왜왕 제濟에게 '사지절도독使持節都督 왜倭 신라新羅 임나任那 가라加羅 진한秦韓 모한慕韓 육국제군사六國諸軍事'를 내렸다

478년에는 왜왕 무武가 '사지절도독使持節都督 왜倭 백제百濟 신라新羅 임나任那 가라加羅 진한秦韓 모한慕韓 칠국제군사七國諸軍事 안동대장군安東大將軍 왜국왕倭國王'을 요청하자 백제를 제외한 왜倭 신라新羅 임나任那 가라加羅 진한秦韓 모한慕韓 육국제군사六國諸軍事 안동대장군安東大將軍 왜국왕倭國王'을 다시 주었다.

그렇다면 438년에 백제 본국에는 어떤 일이 있었는지 보자.

아신왕의 맏아들인 전지왕(405~420)이 왜에 가 있는 동안 405년 부왕이 서거했다는 소식을 듣는다. 전지왕은 귀국하기 전 왜에 함께 가 있던 해씨 집안 출신의 팔수부인과 결혼하여 구이신왕을 낳는다. 그렇게 됨으로써 그때까지 왕비를 배출해 오던 진씨 집안을 제치고 해씨 집안에서 모든 권력을 독점한다.

420년 전지왕이 서거하고 백제의 20대 왕위에 오른 구이신왕(420~427)은 427년 비유왕의 세력에 의해 살해된 것으로 보인다. 왜냐하면 『삼국사기』에는 구이신왕의 맏아들이거나 전지왕의 서자라고 모호하게 기록되어 있으나 구이신왕이 스물세 살이라는 젊은 나이에 죽었고,

비유왕이 '즉위 전부터 용모가 뛰어나고 언변이 좋아 따르는 사람이 많았으며 인재를 중시했다'라는 기술로 볼 때 비유왕을 구이신왕의 맏아들로 보는 데는 무리가 있다.

비유왕(427~455)은 분국인 왜에서 온 구이신왕 계열과 정치적 알력이 있었음을 알 수 있다. 분국으로서 왜에서 비유왕 2년에 50명의 사절단을 보냈을 때 비유왕은 백제와 왜는 순망치한의 관계라고 말하면서 백제에 온 왜의 사절단을 잘 대접한다.

이는 분국을 통합하여야 하는 비유왕의 입장에서는 당연한 결과였지만, 본국에서 자신들의 세력이 제거되었음을 알게 된 분국 왜는 438년 분국왕인 왜왕 진이 백제 본국과 왜 분국의 정통성을 주장하며 '사지절도독 왜 백제 신라 임나 진한 모한 육국제군사 안동대장군 왜국왕'을 자칭하며, 남조 송이 이를 승인해 주기를 요청하게 된 것으로 보인다.

또 451년에는 왜왕 제가 '사지절도독 백제 왜 신라 임나 가라 진한 모한 육국제군사 안동대장군 왜국왕'을 요청했으나 안동대장군 왜국왕과 백제를 제외하고 가라를 포함시켜 송은 왜왕 제에게 '사지절도독 왜 신라 임나 가라 진한 모한 육국제군사를 제수받게 되는데, 왜왕이 이렇게 표를 올린 것도 같은 정치적 입장에서 이루어진 것으로 보인다.

455년 비유왕은 예사롭지 않은 죽음을 맞이하게 되는데 비유왕의 해골이 들판에 뒹굴고 있다는 개로왕 통치 시기의 기록 등을 보면 개로왕 세력에 의해서 비정상적인 죽음을 맞은 것으로 보인다.

이처럼 분국 왜와 관련이 있던 개로왕이 475년 죽고 2년 뒤인 477년 곤지의 형인 문주왕까지 죽자, 478년 왜왕 무는 분국왕인 자신이 본국을 포함하여 백제국의 대표자임을 주장하게 된다. 즉, 478년에 왜왕 무가 '사지절도독 왜 백제 신라 임나 가라 진한 모한 칠국제군사 안동대장군 왜국왕'을 요청하게 된 것이다 그러나 남조의 송이 봤을 때는 삼근왕이 백제의 왕으로 있었기 때문에 백제를 제외한 왜 신라 임나 가라 진한 모한 육국제군사 안동대장군 왜국왕'의 작위를 준 것으로 설명된다.

그러다가 479년 삼근왕이 죽자 왜 분국은 곤지왕의 아들인 동성왕(479~501)을 백제의 왕으로 삼는다. 동성왕이 501년 죽자 곤지왕의 또다른 아들인 무녕왕(501~523)을 또 다시 백제의 왕으로 보낸다.

이와 같이 405년 이후 백제 본국과 왜 분국은 민중의 역사가 아닌 왕조(Royal family history) 중심의 관점에서 보면 하나의 왕조라고 보는 게마땅할 것이다. 특히, 660년 백제가 망했다는 소식을 듣고 사이메이천황(655~661)과 덴지천황(668~672)이 백제 부흥을 위해 4만 2000의 군사를 모아 원정을 보냈다가 백촌강에서 나당군에 패할 때까지 노력한 모습을 보면 백제와 왜는 하나의 왕조로 이해하는 게 당연하다.

기원전 4세기 전후로 한반도 문화가 지금의 김해 · 부산 지역에서 규슈로 이동하면서 조몬 문화에 머물러 있던 규슈에 야요이 문명이 일어난다. 그 후 199년경 가야의 일부 세력이 왜로 넘어가 주도 세력을 이루다가 405년 이후 주도 세력이 백제계로 교체된 것으로 판단된다. 이후 여러 차례의 백제계와 가야계의 천황 교체가 있었던 것으로 보이나 『일본서기』의 기록이 불확실하여 검증이 쉽지 않다.

유라쿠천황 대에 이르러 관동 지역을 공략하기 이전까지 왜倭의 영토는 한반도의 두 배 크기인 일본 열도를 다 수렴하지 못했다. 국가의 성립 초기에는 규슈의 일부, 그리고 백제의 분국이었던 시기는 규슈의 일부와 혼슈 서쪽 일부 정도를 왜의 영토로 보는 게 타당하다.

4-3. 4~5세기 고구려, 백제, 신라, 왜의 관계 기록들
―『삼국사기』, 『삼국유사』, 『일본서기』를 중심으로

312년, 왜왕이 신라 왕실에 혼인을 요구한다. 이에 신라 해사이사금(흘해이사금, 재위기간 310~356)은 아찬급리의 딸을 보낸다.

345년, 신라 왕실은 왜왕의 혼인 요구를 거절한다.

346년, 왜는 신라에 대해 단교를 선언한다.

347년, 단교의 결과로써 왜는 신라의 동쪽으로 추정되는 지역(풍도)을 통해서 금성을 공략했으나 함락에 실패하고 신라군에 쫓겨 패퇴한다.

364년, 왜는 이번에도 대규모 군사를 동원해서 신라를 공격했으나 이번에도 패주하고 만다.(왜병대지倭兵大至, 왜병대패주倭兵大敗走)

369년, 왜는 백제군과 함께 전라남도 해안 및 금관가야를 제외한 가야 일부(안라 포함)를 복속시킨다.

371년, 근초고왕의 태자 귀수의 공격을 막던 고구려 고국원왕이 평양성전투에서 전사한다.

391년, 왜가 신라를 공격, 위기에 처한 내물왕은 왜에 셋째아들인 미해(미사흔)를 볼모로 보내 화친을 청한다. 이때 사실상 왜에게 항복한 신라는 391년 김알지의 후손인 대서지大西知 이찬伊湌의 아들인 실성實聖을 고구려에 인질로 보낸다.(「신라본기」 392년, 「고구려본기」 391년 봄에 해당한다.)

396년, 고구려는 담덕이 앞장서 백제에 대한 2차 공격을 감행했다.(「백제본기」 395년, 아신왕 4년 이야기와 동일하다.)

400년, 고구려가 신라와 가야에 주둔한 왜를 공격하다.(「백제본기」,
「신라본기」에는 내용이 없고 광개토대왕비에만 기록되어 있다.)

402년, 신라 실성왕이 즉위하다. [『삼국사기』에 의하면 자신을 인질로
보낸 내물왕을 원망하여 내물왕의 자식(복호)을 고구려 인질로 보낸다고
나온다. 그러나 『삼국유사』에서는 눌지마립간 때인 418년의 일로 나온
다. 『삼국유사』가 정황의 구체성으로 볼 때 이 사건에 대해서는 더 타당
해 보인다.]

404년, 왜가 독자적으로 고구려의 대방 지역(오늘날의 황해도 일원)을
공격하지만 고구려가 격퇴시키다.

407년, 고구려의 담덕이 백제에 대한 3차 공격을 감행하다.(광개토대
왕비에 나오나 『삼국사기』 「고구려본기」나 「백제본기」에는 언급이 없
다.)

412년, 고구려 광개토대왕이 죽고 장수왕이 즉위하다.

414년, 광개토대왕비가 건립되다.

417년, 고구려에 의해 신라 실성왕이 제거되고, 눌지마립간이 즉위하
다.

418년, 눌지마립간이 동생 보해(복호)를 고구려에 인질로 보내다. (『삼
국사기』 「신라본기」에 나오는 412년, 실성왕 11년 이야기와 동일하다.)

426년, 박재상의 지략과 헌신에 힘입어 보해가 고구려에서 귀환하다.
왜에서도 미해가 귀환하다.(『삼국사기』 「신라본기」 418년 눌지왕 2년 이
야기와 동일하다.)

427년, 고구려 장수왕, 국내성에서 평양성으로 천도하다.

5. 개로왕과 왜왕지 국서

5-1. 472년[15] 개로왕이 북위에 보낸 국서 전문 독해

延興二年 其王餘慶始遣使上表曰

연흥이년 기왕여경시견사상표왈

⇒연흥 2년에 백제왕 여경(개로왕)이 처음으로 사신을 보내 표를
올려 가로되,

臣建國東極 豺狼隔路 雖世承靈化 莫由奉藩

신건국동극 시랑격로 수세승영화 막유봉번

⇒신은 동쪽 끝에 나라를 세웠으나 승냥이 같고 이리 같은 고구려
가 길을 막아 세세토록 (폐하의) 가르침을 받고자 하여도 이로 말
미암아 신하 될 길이 없었습니다.

瞻望雲闕 馳情罔極 凉風微應

첨망운궐 치정망극 량풍미응

⇒눈을 들어 폐하의 궁궐을 바라보면서 마음은 끊임없이 달려가지
만 찬바람은 응하지 않습니다.

---

15) 김부식 지음, 이병주 역주, 『삼국사기 · 하』, 66~67쪽, 을유출판사.

伏惟 皇帝陛下 協和天休 不勝繫仰之情
복유 황제폐하 협화천휴 불승계앙지정
⇒엎드려 생각하옵건대 황제폐하께서 천명을 받들어 (천하를) 조
　화롭게 다스리시니 우러러 보는 마음을 금할 길이 없습니다.

謹遣私署 冠軍將軍駙馬 都尉弗斯侯 長史餘禮 龍驤將軍帶
方太守 司馬 張茂等
근견사서 관군장군부마 도위불사후 장사여례 용양장군대방태수 사
마 장무등
⇒삼가 신이 임명한 관군장군 부마, 도위 불사후, 장사 여례, 용양장
　군 대방태수, 사마 장무 등을 보냅니다.

投舫波阻 搜俓玄津 託命自然之運 遣進萬一之誠
투방파조 수경현진 탁명자연지운 견진만일지성
⇒험한 파도에 배를 띄우고 현진(북위)으로 가는 길을 찾으며 자연
　이 정한 운에 목숨을 거는 것은, 만 분의 일의 정성으로라도 보답
　하기 위함입니다.

翼神祈垂感 皇靈洪復 克達天庭 先暢臣志 雖旦聞夕沒 永無
餘恨
익신기수감 황령홍복 극달천정 선창신지 수단문석몰 영무여한
⇒바라건대 하늘과 땅이 감동하시고 조상님이 굽어 살펴 능히 폐하
　께서 사시는 궁궐에 이르러 신의 뜻을 먼저 아뢸 수 있다면, 아침
　에 소식을 듣고 저녁에 죽더라도 영원히 여한이 없겠나이다.

又云
우운
⇒또 이르길

臣與高句麗源出夫餘
신여고구려원출부여
⇒신과 고구려는 부여에서 기원합니다.

先世之時 篤崇舊款 其祖釗輕廢隣好
선세지시 독숭구관 기조쇠경폐린호
⇒선대에는 옛 정을 두터이 여겼지만, 그 조상 쇠(고국원왕)는 이웃
간의 우호를 가벼이 여겼습니다.(고국원왕-소수림왕-고국양
왕-광개토왕-장수왕 61년)

親率士眾 陵踐臣境 臣祖須整旅電邁 應機馳擊
친솔사중 릉천신경 신조수정려전매 응기치격
⇒(고국원왕이) 직접 군사를 이끌고 백제로 넘어오자 신의 조상 수
(근구수왕, 근초고왕 재위 시)가 군대를 정돈하여 벼락같이 달려
가 응전했습니다.(근구수왕-침류왕-진사왕-아신왕-전지왕-
구이신왕-비유왕-개로왕 18년)

矢石暫交 梟斬釗首
시석잠교 효참쇠수
⇒화살과 돌로 잠시 교전하다가 드디어 쇠(고국원왕)의 머리를 베
어 높이 매달았습니다.

自爾己來 莫敢南顧

자이이래 막감남고

⇒그때 이후로 (고구려가) 감히 남쪽으로 고개를 돌리지 못하였습
니다.

自馮氏數終 餘燼奔竄 醜類漸盛 遂見陵逼 構怨連禍 三十餘
載

자풍씨수종 여신분찬 추류점성 수견릉핍 구원련화 삼십여재

⇒풍씨가 갑작스럽게 망하여 (북연) 여민이 달아난 뒤로 나쁜 무리
들이(고구려) 점점 성해지더니, 드디어 (백제를) 업신여기고 핍
박하니 원한이 쌓이고 재앙이 이어지기를 30여 년이 지났습니다.

財殫力竭 轉自屛跼

재탄력갈 전자잔축

⇒재물이 다하고 나라의 힘이 고갈해지니 저절로 더욱 유약해졌습
니다.

若天慈曲矜 遠及無外 速遣一將 來救臣國

약천자곡긍 원급무외 속견일장 래구신국

⇒천자(황제)의 자비심과 진실로 불쌍히 여기는 마음이 멀어도 미
치지 못함이 없다면, 속히 한 장수를 보내서 신의 나라 백제를 구
해 주소서.

當奉送鄙女 執掃後宮 並遣子弟 牧圉外廄 尺壤匹夫不敢自
有

당봉송비녀 집소후궁 병견자제 목어외구 척양필부불감자유

⇒마땅히 비천한 제 딸을 보내 후궁을 소제하는 일을 맡기고 아울
러 아들을 보내 외진 마구간에서 말을 키우게 할 것이며, 작은 땅
이라도 필부(고구려)가 감히 소유하지 못하게 하겠습니다.

又雲

우운

⇒또 이르기를,

今璉有罪 國自魚肉 大臣强族 戮殺無已

금련유죄 국자어육 대신강족 류살무이

⇒오늘날 거련(장수왕)이 죄가 있으니 나라를 스스로 결딴내고 대
신들과 귀족들의 살육이 그치지 않습니다.

罪盈惡積 民庶崩離

죄영악적 민서붕리

⇒죄는 차고 악은 쌓여 백성들은 달아나고 흩어졌습니다.

是滅亡之期 假手之秋也

시멸망지기 가수지추야

⇒지금이 멸망시킬 때이며, 손을 빌려줄 때입니다.

且馮族士馬 有鳥畜之戀 樂浪諸郡 懷首丘之心

차풍족사마 유조축지련 악랑제군 회수구지심
⇒또 풍씨(북연)의 군사와 말들이 새와 가축을 그리워하듯 풍씨를
　그리워하고, 낙랑의 군현들은 고향을 그리워하는 마음을 품고 있
　습니다.

天威一擧 有征無戰
천위일거 유정무전
⇒천자가 위엄으로 한 번 일어서면 싸우지 않고도 정벌할 수 있을
　것입니다.

臣雖不敏 志效畢力 當率所統 承風響應
신수불민 지효필력 당솔소통 승풍향응
⇒신이 비록 영민하지 못하지만 몸과 마음을 다하여 마땅히 휘하를
　통솔하여 천자의 움직임에 내응하겠습니다.

且高麗不義 逆詐非一
차고려불의 역사비일
⇒또 고구려가 의롭지 못하여 천자를 거스르고 속인 것이 한두 번
　이 아닙니다.

外慕隗嚻藩卑之辭 內懷兇禍豕突之行
외모외효번비지사 내회흉화시돌지행
⇒겉으로는 외효(후한 광무제와 경쟁한 인물. 공손술과 손을 잡고
　광무제와 싸우던 중 죽음)처럼 변방 신하가 되겠다고 한 말을 흠
　모하는 듯 보이지만, 속으로는 흉악한 생각을 품고 멧돼지처럼

앞뒤 분간 못 하고 달려드는 짓을 하고 있습니다.

或南通劉氏 或北約蠕蠕 共相脣齒 謀陵王略
혹남통류씨 혹북약연연 공상순치 모릉왕략
⇒혹은 남쪽으로 류씨(남조 송)와 통하고 혹은 북쪽으로 연연과 동
맹하면서 순치의 관계를 맺고 (북위) 왕의 땅을 침범하여 경략하
려는 모략을 가지고 있습니다.

昔唐堯至聖 致罰丹水 孟常稱仁 不捨塗詈
석당요지성 치벌단수 맹상칭인 불사도리
⇒옛적에 당요(요임금)는 지극한 성인이었지만, 단수에서 (남만
을) 벌하였고, 맹상군은 항시 어질다 칭하였지만 욕보이는 자들
은 용서하지 않았습니다.

涓流之水 宜早壅塞 今若不取 將貽後悔
연류지수 의조옹새 금약불취 장이후회
⇒흐르는 물도 빨리 막아야 하는 법인데 지금 조취를 취하지 않으
면 장차 위태로워 후회하게 될 것입니다.

去庚辰年後 臣西界小石山北國海中見屍十餘
거경진년후 신서계소석산북국해중견시십여
⇒지난 경진년(440년) 이후 백제의 서쪽 경계 소석산 북쪽 바다 속
에서 십여 구의 시체가 발견되었습니다.

並得衣器鞍勒 視之非高麗之物

병득의기안륵 시지비고려지물
⇒아울러 옷, 그릇, 안장, 재갈을 습득하여 그것을 살펴보니 고구려의 물건이 아니었습니다.

後聞乃是王人來降臣國 長蛇隔路 以沉於海
후문내시왕인래강신국 장사격로 이침어해
⇒후에 들으니 (북위) 왕의 사람이 저희 백제국에 내려오는데, 큰 뱀(고구려)이 길을 막고 있다가 바다에 빠뜨렸다고 합니다.

雖未委當 深懷憤恚
수미위당 심회분에
⇒비록 자세한 사정은 모르겠으나 심히 분노가 치밉니다.

昔宋戮申舟 楚莊徒跣 鷂撮放鳩 信陵不食
석송륙신주 초장도선 요촬방구 신릉불식
⇒옛적에 송나라가 신주(사람 이름)를 죽이니 초장왕이 맨발로 걸어 다녔고, 풀어 준 비둘기를 매가 낚아채니 신릉군이 밥을 먹지 않았습니다.

克敵建名 美隆無已
극적건명 미륭무이
⇒적을 이기고 이름을 세우는 것은 아름답고 고상하기 그지없는 일입니다

夫以區區偏鄙 猶慕萬代之信 況陛下合氣天地 勢傾山海 豈令小

豎, 跨塞天逵

부이구구편비 유모만대지신 황폐하합기천지 세경산해 기령소수 과
새천규

⇒무릇 외지고 더러운 곳에 있는 작은 나라도 만대에 이르는 신의
를 사모할진데 하물며 폐하는 천지와 기운을 합하여 위세가 산과
바다를 기울이는데 어찌 어린아이(고구려)로 하여금 폐하에게
이르는 길을 막게 놔두는 것입니까?

今上所得鞍一 以爲實驗

금상소득안일 이위실험

⇒이제 위에서 말한 말안장 하나를 증좌로 보냅니다.

5-2. 왜왕[16] 무가 송에 보낸 국서 전문 독해

順帝昇明二年 遣使上表曰

순제승명이년 견사상표왈

⇒송나라 순제 승명 2년(478년)에 사신을 보내 표를 올려 가로되,

封國偏遠 作藩於外

---

16) 김운회 지음, 『새로 쓰는 한일 고대사』, 318쪽, 동아일보사.

봉국편원 작번어외

⇒책봉국인 저희 나라는 멀리 치우쳐 떨어져 있어서 외신外臣으로
서 속국이 되었습니다.

自昔祖禰 躬擐甲冑 跋涉山川 不遑寧處 東征毛人五十五國
西服衆夷六十六國 渡平海北九十五國

자석조네 궁환갑주 발섭산천 부황녕처 동정모인오십오국 서복
중이륙십륙국 도평해배구십오국

⇒예부터 저희 선조는 갑주를 몸에 두르고 산천을 누비며 편히 쉴
겨를도 없이 동쪽으로 모인毛人 55국을 정벌하고 서쪽으로 중이
衆夷 66국을 복속시키고 북쪽으로 바다를 건너가 95국을 평정
하였습니다.

王道融泰 廓土遐畿 累葉朝宗 不愆於歲

왕도융태 곽토하기 누섭조종 부건어세

⇒왕도는 크게 융성하고 영토도 크게 확장되어 누대에 걸쳐 폐하께
배알함에 해마다 허물이 없었습니다.

臣雖下愚 忝胤先緒 驅率所統 歸崇天極 道逕百濟 裝治船舫

신수하우 첨윤선서 구률소통 귀숭천극 도경백제 장치선방

⇒신이 비록 어리석으나 황송하게 선대의 업을 계승하여 제가 거느
린 자들을 독려하여 천자께 백제를 경유하여 조공하고자 하여 배
에 장비를 싣고 부렸습니다.

而句驪無道 圖欲見呑 掠抄邊隷 虔劉不已 每致稽滯 以失良風

雖日進路 或通或不

이구려무도 도욕견탄 략초변례 건류부이 매치계체 이실량풍 수월진
노 혹통혹부

⇒그러나 고구려가 무도하여 훔치고자 도모하더니 변예(백제)를
약탈하고 죽이기를 그치지 아니하니, 이리 하여 항해하기 좋은
순풍을 놓치고 비록 길을 나서더라도 혹은 이르고 혹은 이르지
못합니다.

臣亡考濟實忿 寇讎壅塞天路 控弦百萬 義聲感激 方欲大擧 奄
喪父兄 使垂成之功 不獲一簣 居在諒闇 不動兵甲 是以偃息未
捷

신망고제실분 구수옹새천로 공현백만 의성감격 방욕대거 엄상부형
사수성지공 부획일궤 거재량암 부동병갑 시이언식미첩

⇒신의 돌아가신 아버지 제濟 왕께서 도적 같은 원수(고구려)가 천
자에게 가는 길을 막는 것에 분노하여 백만의 군사를 준비하니
의로운 백만 군사가 감격하여 바야흐로 크게 일어나고자 하였으
나, 갑자기 부왕과 형님의 상을 당하여 양음(상중에 거처하는 방)
에 머물러야 하는 바람에 군사를 움직일 수 없게 되는 바람에 성
공을 눈앞에 두고 뜻을 이루지 못하였습니다.

至今欲練甲治兵 申父兄之志 義士虎賁 文武效功 白刃交前 亦
所不顧

지금욕련갑치병 신부형지지 의사호분 문무효공 백인교전 역소부고

⇒지금 선왕과 형님의 뜻을 이어서 갑주를 단련하고 병사를 훈련하
고자 하니 뜻있는 군사가 용맹스럽게 일어나고 문무백관이 힘을

다하고 있으니 눈앞에 칼이 들어와도 또한 물러설 수 없습니다.

若以帝德覆載 摧此强敵 克靖方難 無替前功
아이제덕복재 최차강적 극정방난 무체전공
⇒만약에 황제의 은덕을 입어서 이 강적을 꺾고 안정을 이루어내고 어려움을 바로잡는다면 전공前功의 부족함은 없게 될 것입니다.

竊自仮開府儀同三司 其餘鹹各仮授 以勸忠節
절자가개부의동삼사 기여함각가수 이권충절
⇒삼가 신 스스로 임시나마 '개부의동삼사'라 칭하고, 신을 따르는 제 장수들에게도 관작을 제수함으로써 충절을 다하도록 했습니다.(開府儀同三司; 중국 후한과 위진 남북조 때부터 사용된 관직 명칭으로 문산관의 최고 품계이다. 462년 장수왕 51년에 남조 송 황제가 장수왕에게 '거기대장군車騎大將軍 개부의동삼사開府儀同三司' 작위를 제수한다. 이에 대한 동등한 작위를 스스로 칭한 것으로 봐서 375년 한성백제가 망한 후, 백제 본국과 분국 왜의 대고구려 대응 전략이라고 봐야 설명이 가능하다.)

詔除武使持節 都督倭新羅任那加羅秦韓慕韓六國諸軍事 安東大將軍 倭王(『宋書』「倭國傳」)
조제무사지절 도독왜신나임나가나진한모한륙국제군사 안동대장군 왜왕(『송서』「왜국전」)
⇒조서를 내려 무왕에게 사지절도독 왜, 신라, 임나, 가야, 진한, 모한 육국제군사 안동대장군 왜왕을 제수하였다.

제2장
광개토대왕비

1. 광개토대왕비 개요

1-1. 비의 형태와 크기

비[17]는 각력응회암角礫凝灰岩의 자연스런 사면석四面石 꼴을 갖춘 긴 바위에 글자를 새겨 넣어 만들어졌다. 그 형태는 대석臺石과 비신碑身으로 되어 있고 비신이 대석 위에 세워져 있으나, 대석과 비신 일부는 땅 속에 묻혀 있다. 높이는 6.39미터로 한국 최대의 크기로 고구려 문화의 한 단면을 보여 준다.

너비는 1.38~2.00미터이고, 측면은 1.35~1.46미터로 불규칙하다. 비의 머리 부분은 경사져 있다. 대석은 3.35×2.7미터이다. 네 면에 걸쳐 1,775자가 새겨져 있는 것으로 통상 알려져 있다.(판독 여부가 불분명한 부분이 있고, 비석 표면이 불규칙하여 글자 수 통계에 이론이 있다.) 본래 비석만 있었으나 1928년에 집안현集安縣 집안지사 유천성劉天成이 2층형의 소형 보호 비각을 세웠고, 다시 1982년 중공 당국이 단층형의 대형 비각을 세워 비를 보호하고 있다.

---

17) <두피디아>, http://www.doopedia.co.kr/doopedia/master/master.do?_method=view&MAS_IDX=101013000828086

1-2. 비문의 구성과 서체

1면(정면) 11행 449자
2면(좌면) 10행 387자
3면(후면) 14행 574자
4면(우면) 9행 369자

현재까지 1775자로 알려졌으며, 이 가운데 140여 자는 판독이 불가한 상태이다. 서체는 예서, 해서, 행서, 초서, 전서의 필치가 고루 섞여 있다.

1-3. 비문 내용

크게, ①서언序言 격으로 고구려의 건국 내력을, ②광개토대왕이 즉위한 뒤의 대외 정복 사업의 구체적 사실을 연대순으로 담았으며, ③수묘인 연호守墓人烟戶를 서술하여 묘의 관리 문제를 적었다.

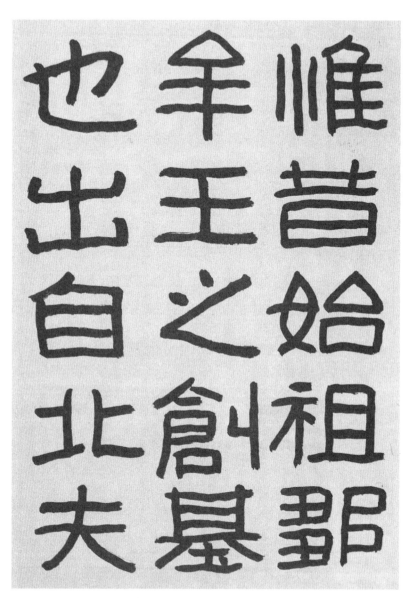

광개토대왕비 비문의 일부. '惟昔始祖鄒牟王之創基也出自北夫'. 즉, '옛적에 추모왕께서 나라를 창업한 곳이다. 북부여에서 …'

1-4. 광개토대왕비의 발견과 이후 과정

압록강 북쪽에 큰 비가 있다는 사실은 〈용비어천가〉를 비롯해 조선 전기의 문헌에서 간혹 언급한 경우가 있으나 비문을 직접 확인한 적은 없었다. 17세기 이후 청靑에서 이 지역을 만주족의 발상지로 간주하여 봉금제도封禁制度(거주 금지 조치)를 시행하자 인적이 뜸해져 잊힌 상태로 있다가, 봉금제도가 해제되고 회인현懷仁縣이 설치된 뒤 1880년을 전후해서 재발견되었다.

비 발견 소식이 알려지자 당시 회인현의 지현知縣이던 장월章樾이 관월산關月山을 보내어 탁본을 만들게 했고, 그 중국의 서예가나 금석학자들에 의해 많은 탁본이 만들어졌다.

그러나 비문의 내용을 자료로 구체적인 역사 연구를 한 것은 아니었고, 초기의 탁본은 대개 만주 지역에서 정보 수집 활동을 수행하던 일본의 포병 중위 사카와(酒句景信)가 1883년에 가져온 쌍구가묵본雙鉤加墨本이었다. 비가 재발견된 초기에 탁본을 만드는 과정에서 이끼를 제거하기 위해 불을 질러 비면의 일부가 탈락되었고, 정교한 탁본을 만들기 위해 석회를 발랐던 것이 나중에 위조의 오해를 불러일으키기도 하였다.

1970년대 초에 재일 연구자 이진희李進熙는 1900년 전후해 참모본부에 의해 비문의 문자가 석회로 조작되었다는, 이른바 '석회도부작전설石灰塗付作戰說'을 주장하여 큰 파문을 일으켰다.

이어 1981년 이 비문을 연구해 온 이형구李亨求는 비문 자형字型의 짜임새(結構), 좌우행과의 비교에서 나오는 자체字體의 불균형 등을 들어, '倭'는 '後'를, '來渡海破'는 '不貢因破'를 일본인이 위작僞作한 것이라고 지적하였다.

그러나 1984년에는 왕젠췬이 장기간의 실지 조사를 토대로 사카와 중위가 아닌 중국인에 의한 탁본이 이루어진 것으로, 탁본의 목적도 생계 목적의 팔아먹기 위해서이며 석회를 바른 이유도 정확한 탁본이 잘 팔리기 때문인 것으로 밝혀냈다.

1882년에 이루어진 사카와 탁본이 있기 전인 1880년도부터 탁본이 이루어졌으며 탁본 간에 위조를 한 흔적은 발견되지 않았다. 따라서 위조 논쟁은 지양하고 글자 비정과 독해에 더 치중해야 할 것으로 보인다.

2. 신묘년조[18]에 대한 다양한 해석들

필자가 굳이 광개토대왕비 비문 해석에 대한 또 하나의 의견을 개진하여 이 책을 쓰는 이유이기도 하다. 우선, 광개토대왕비 비문 해석을 둘러싼 주장 다섯 가지를 살펴보자.

첫 번째 주장; 임나일본부설任那日本府設

한·일 고대사학계의 최대 쟁점이 되어 온 구절은 '신묘년 왜가 바다를 건너와서 백제와 신라를 파해 신민으로 삼았다(倭以辛卯年來渡海破百殘□□□羅以爲臣)'이다.

이를 근거로 일제의 학자는, □□□을 '임라신任羅新'으로 추정하고 해석하기를 4세기에 한반도 남단에 일본의 식민지를 건설하였고, 『일본서기日本書紀』에 나오는 임나일본부任那日本府가 그것이라는 논리를 전개하였다.

대부분은 '신묘년기사辛卯年記事'와 『일본서기』의 신공황후神功皇后가 4세기 후반에 한반도 남부 지역을 정벌했다는 내용을 관련지어 그를 뒷받침하는 것으로 간주했다. 이러한 연구 속에서 소위 '임나일본부설任那日本府說'이 정설로 정착되었다

두 번째 주장; '도해파渡海破'의 주어는 왜가 아니라 고구

---

18) <두피디아>, https://terms.naver.com/entry.nhn?docId=1064750&cid=40942&categoryId=40012

려이다

정인보鄭寅普의 〈광개토경평안호태왕릉비문석략廣開土境平安好太王陵碑文釋略〉이라 할 수 있다. 이는 1930년대 말 무렵에 집필된 것으로, 신묘년기사에 대해 일본인과는 전혀 다른 새로운 해석을 내렸다. 즉 기존의 일본인은 "倭以辛卯年來渡海破百殘□□□羅以爲臣民"을 "왜가 바다를 건너와서 백제, 신라 등을 깨고 신민으로 삼았다"고 해석했다. 그러나 그는 '도해파渡海破'의 주어를 고구려로 보아 "고구려가 왜를 깨뜨리고 백제가 신라를 신민으로 삼았다"는 전혀 상반되는 견해를 제시했던 것이다.(百殘新羅舊是屬民由來朝貢 而倭以辛卯年來渡□破百殘□□新羅以爲臣民) 정인보도 역시 이육년병신以六年丙申에서 이以를 인과접속사 'therefore(따라서 또는 그런 까닭에)'로 해석했음을 알 수 있다.

한편, 북한에서는 1963년에 중국과 합동으로 능비가 있는 현지를 찾아가서 조사를 실시했고, 1966년에는 박시형의 『광개토왕릉비』가 간행되었다. 여기에서는 능비에 관한 우리 쪽 문헌을 거의 망라하여 찾아내고, 또 비의 재발견 경로를 상세히 검토했다. 또 문제가 되는 '신묘년기사'에 대해서는 정인보의 해석법을 받아들여 기존에 일본인들이 주장해 왔던 것과는 전혀 다른 해석을 내놓았다.

세 번째 주장; 임나일본부설을 전면 부정한 북한 학계

1966년에 김석형이 『초기 조·일 관계사 연구』를 간행하여 일본 식민주의 사학자들이 주장해 온 임나일본부설을 전면 부정했다. 그리고 정반대로 삼한 삼국의 이주민들이 일본 열도로 이주해 분국分國을 수립했다는 새로운 학설을 주장해, 이후 북한 학계의 정설로 굳어졌다. 그는 신묘년기사에 대해 '왜가 신묘년에 와서 고구려가 바다를 건너 백제를 깨고 신라를 신민으로 삼았다'고 한 박시형과는 약간 해석을 달리했다.

네 번째 주장; 고구려가 백제, 왜, 신라를 신민으로 삼았다는 주장

1981년 이 비문을 연구해 온 이형구李亨求는 비문 자형字型의 짜임새(結構), 좌우행과의 비교에서 나오는 자체字體의 불균형 등을 들어, '倭'는 '後'를, '來渡海破'는 '不貢因破'를 일본인이 위작僞作한 것이라고 지적하였다.

'백제와 신라는 예로부터 고구려의 속국으로 조공을 해 왔는데, 그 뒤 신묘년(391)부터 조공을 하지 않는 까닭에 백제, 왜, 신라를 파해 신민으로 삼았다'는 것이다.

다섯 번째 주장; 비문과 당시의 국제 정세, 以에 대한 습관적 해석의 오류에 따른 필자의 주장

필자가 펼치는 주장으로, 백제와 신라는 예부터 고구려의 속민이었는데 그런 이유로 조공을 해왔다. 그런데 왜가 신묘년(391년)에 바다를 건너 (신라를) 침략하니 고구려가 백제를 격파하고 동쪽으로 신라를 구원함으로써 신라가 (고구려의) 신민이 되었다. (그리고) 병신년(396년)에 왕이 친히 □군을 이끌고 백제를 토벌하였다. 필자의 주장을 셋으로 나누어 분류하면 다음과 같다.

첫째는 비문 상의 근거, 둘째는 당시의 국제 정세를 바탕으로 한 근거, 셋째는 인과접속사 이以에 대한 습관적인 번역상의 문제가 바로 그것이다.

첫째 근거는 비문 자체의 해석을 근거로 한 주장이다. '신라이위신민新羅以爲臣民'이란 문장을 살펴보면, 구년기해九年己亥 백잔위서여왜화통

百殘違誓與倭和通　왕순하평양王巡下平穰　이신라견사백왕운而新羅遣使白王云　왜인만기국경倭人滿其國境　궤파성지潰破城池　이노객위민以奴客爲民 귀왕청명歸王請命　태왕은자太王恩慈　긍기충성矜其忠誠에서 '이노객위민以奴客爲民 귀왕청명歸王請命'과 의미상 통하게 된다. 즉 이以가 인과접속사(because)로써 '신라(노객)가 (고구려의) 신민이 되었기 때문에 (신라 has been 노객 since 391), 신라가 광개토왕에게 와서 명을 청한다. 광개토왕이 은혜롭고 자애로워 그 충성된 말을 긍휼히 여겼다' 로 해석된다.

　　潰破城池 以奴客爲民 歸王請命 太王恩慈 矜其忠誠
　　궤파성지 이노객위민 귀왕청명 태왕은자 긍기충성

문법적으로 '以' 이후는 'because' 종속절+주절로 해석함이 합당하다. 필자의 해석과 비교되는 일반적인 해석은 다음과 같다.

　　九年己亥 百殘違誓與倭和通 王巡下平穰 而新羅遣使白王云
　　"倭人滿其國境 潰破城池 以奴客爲民 歸王請命 太王恩慈 矜其
　　忠誠"
　　구년기해 백잔위서여왜화통 왕순하평양 이신라견사백왕운 "왜인만
　　기국경 궤파성지 이노객위민 귀왕청명 태왕은자 긍기충성"
　⇒"왜인이 신라 국경 내에 가득하여 성과 해자를 파괴하였습니다. 그리하여(therefore) 신라가 (일본의) 신민이 되었습니다. (그래서) 왕에게 와서 청하니 광개토왕이 은혜롭고 자애로워 그 충성된 말을 긍휼이 여겼습니다"라고 해석한다.

광개토왕 입장에서 '신라가 왜에 만신창이가 되어서 그냥 도와달라고

말하는 것'을 광개토왕이 충성된 말로 여겼을지, 아니면 '신라가 이미 고구려의 신민이기 때문에 신민으로서 광개토왕의 도움을 청하는 말'을 충성된 말로 여겼을지는 자명하다. 이것이 '倭以辛卯年, 來渡□破百殘東□新羅以爲臣民'에 대한 필자의 해석에 대한 비문 자체의 해석이 첫번째 근거가 된다.

둘째 근거는 역사적 정황이다.

312~431년 『삼국사기』와 『삼국유사』, 그리고 『일본서기』에 근거한 고구려, 백제, 신라, 가야, 왜의 역사 정황은 다음과 같다.

312년, 왜왕이 신라에 대해 결혼 요구하다. 이에 신라 해사이사금(흘해이사금 310~356)은 아찬급리의 딸을 보내다.

345년, 왜왕의 결혼 요구를 신라 왕실이 거절하다.

346년, 왜, 신라와 단교 선언하다.

347년, 왜, 신라의 동쪽(풍도)으로 추정되는 지역을 통해서 금성 함락을 시도했으나 신라군에 의하여 격퇴 당하다.

364년, 왜병이 크게 이르렀으나 대패하여 달아나다.

369년, 백제 근초고왕 전라남도 해안 및 금관가야를 제외한 일부 가야(안라 포함)를 복속시키다.

당시 일본군이 바다를 건너가 신라와 비자현(창녕) 등 7국을 치고, 나아가 군을 서향시켜 마한 지방을 공략한 기사가 『일본서기』에는 다음과 같이 나온다.

乃移兵西廻之 古奚津 屠南蠻忱彌多禮 以賜百濟 於是 其王肖古及王子貴須亦領軍來會 時 比利 辟中 布彌支 半古西邑 自然

降服 是以百濟王父子及荒田別 木羅斤子等 共會意流村 相見欣
感 厚禮送遣之

내이병서회지 고해진(지금의 전남 강진) 도남만침미다례 이사백제
어시 기왕초고급왕자귀수역령군래회 시 비리 벽중 포미지 반고서읍
자연강복 시이백제왕부자급황전별 목라근자등 공회의류촌 상견흔감
후례송견지

　이 해에 경상도 남쪽 지역에서 방향을 틀어 전라도 남쪽 지역을 공략하
여 침미다례 등 7개국을 백제에 증여했다고 하는데, 역사적으로 어떤 갑
인 나라가 자국의 피를 흘려가며 기껏 획득한 지역을 그냥 줄 수 있겠는
가? 이것은 갑인 백제와 을인 왜와의 역학관계를 일본의 입장에서 기술
한 것으로 봐야 타당할 것으로 보인다.

　하물며 당시 369년은 백제 역사상 가장 강성한 때의 일로 열 번 양보하
더라도 백제와 왜의 관계에서 백제가 을이었다는 것은 말이 되지 않는다.
근초고왕 때 군사력은 「백제본기」에 의하면 황색 깃발로 통일되어 군사
숫자는 고구려에 밀렸지만, 집중력이나 전술에서 고구려보다 우위였다.

　371년, 근초고왕의 공격 때 태자 귀수(근구수왕)에 의해 고구려 고국원
왕이 평양성전투에서 전사한다.

　391년, 왜의 신라 공격으로 내물왕은 셋째아들 미해(미사흔)를 볼모로
보낼 수밖에 없었다. 『삼국유사』에 따르면 390년에 왜의 사신이 '백제의
죄'[19]를 알려 주면서 미해를 볼모(『삼국유사』에 따르면 30여 년 간 볼모
로 가 있다가 박재상에 의해 426년 신라에 돌아옴)로 보낼 것을 요구하는
데, '백제의 죄'가 무엇인지 광개토대왕비문과 겸하여 추론해 보면 고구

---

19) 일연 지음, 이민수 옮김, 『삼국유사』, 100쪽.

려와 신라의 지도부는 백제와 왜가 동맹하여 신라를 침략한 것을 '백제의 죄'로 이해했음을 알 수 있다.

실질적으로 왜에 의해 무너진 신라는 391년 실성을 고구려에 인질로 보낸다.(「신라본기」 392년, 「고구려본기」 391년 봄에 해당한다.)

391년, 고구려는 담덕이 앞장서서 백제에 대대적인 1차 공세를 가했고, 이때 진사왕이 자살한 것으로 보인다. 진사왕 마지막 해의 일과 같다.(『삼국사기』 「백제본기」 392년에 해당한다.)

396년, 고구려 담덕, 백제에 대한 2차 공격 감행하다.(「백제본기」 395년, 아신왕 4년 이야기와 동일하다.)

400년, 고구려가 신라와 가야에 주둔한 왜를 공격하다.(「백제본기」, 「신라본기」에는 내용이 없고 광개토대왕비에만 기록되어 있다.)

402년, 신라 실성왕 즉위하다. 『삼국사기』에 의하면 자신을 인질로 보낸 내물왕을 원망하여 내물왕의 자식 복호를 고구려 인질로 보낸다고 나온다. 그러나 『삼국유사』에는 눌지마립간 때인 418년의 일로 나온다. 『삼국유사』가 정황의 구체성으로 볼 때 이 사건에 대해서는 더 타당한 듯하다.

404년, 왜가 대방계를 공격하자 고구려가 개입해서 왜를 격퇴시키다.

407년, 고구려 담덕이 백제에 대한 3차 공격을 감행하다.(광개토대왕비에는 나오나 『삼국사기』 「고구려본기」나 「백제본기」에는 언급이 없다.)

412년, 광개토왕이 죽고, 장수왕이 즉위하다.

414년, 광개토대왕비 건립되다.

417년, 고구려에 의해 신라 실성왕이 제거되고, 눌지마립간이 즉위하다.

418년, 눌지마립간이 동생 보해(복호)를 고구려에 인질로 보내다.(『삼국사기』 「신라본기」 412년 실성왕 11년 이야기와 동일하다.)

426년, 박재상의 활약으로 고구려에 볼모로 가 있던 보해 귀환하다. 역시 박재상의 지략으로 왜에 볼모로 가 있던 미해 귀환하다.(『삼국사기』 「신라본기」 418년 눌지왕 2년 이야기와 동일하다.)

427년, 고구려 장수왕, 평양성으로 천도하다.

이상에서 보는 것처럼 근고초왕 때(367년)부터 백제와 왜는 긴밀한 관계를 형성해 왔다. 391년 신묘년에 왜가 신라를 대대적으로 공략하자 광개토왕을 비롯한 고구려 지도부는 이것이 왜와 백제의 동맹 속에서 이루어진 도발임을 인지하였음이 분명하다.

「고구려본기」 391년 봄에 해당하는 춘春 견사신라수호遣使新羅修好 신라왕견질실성위질新羅王遣姪實聖爲質 문구와 광개토왕비의 동□신라이위신민東□新羅以爲臣民과 내용이 일치함을 알 수 있다.

또한 기병과 보병 위주인 고구려 군대가 연안이 아닌 대한해협을 건널 만한 해군을 보유했을까 하는 합리적 의심(400년 고구려 군사 5만이 한반도 남부 끝 가야까지 와서 왜를 물리쳤을 때도 해군에 대한 이야기가 없다)과 함께 해적이든 정규군이든 왜의 신라 침략은 「신라본기」에 여러 차례 언급되어 있고, 백제가 갑이든 을이든 간에 369년 『일본서기』 기사 년조에 보면 백제와 함께 한반도 남부 7개국을 공격한 내용이 나온다.

이를 볼 때 '래도해來渡海'의 주체는 왜라고 봐야 하며 파백잔동□신라이위신민破百殘東□新羅以爲臣民의 주체는 고구려라고 보는 것이 마땅할 것이다.

세 번째 근거는 아래 문장에서 7번 '以'는 문법적으로 해석할 필요가 없는 병렬식 접속사라는 것이다.

百殘新羅 舊是屬民 由來朝貢 而倭5以辛卯年來渡海 破百殘東
□新羅6以爲臣民 7以六年丙申 王躬率□軍 討伐殘國

백잔신라 구시속민 유래조공 이왜이신묘년래도해 파백잔동□신라
이위신민 이육년병신 왕궁솔□군 토벌잔국

⇒백제와 신라는 예로부터 고구려의 속민이었는데, 그런 이유로 조
공을 해왔다. 그런데 왜가 신묘년에(391년)에 바다를 건너 (신라
를) 침략하니, 고구려가 백제를 격파하고 동쪽으로 신라를 구원
함으로써 신라가 (고구려의) 신민이 되었다. (그리고) 병신년에
(396년) 왕이 친히 □군을 이끌고 백제를 토벌하였다. 7번 以는
병렬식 접속사로서(and 또는 해석 불필요) 굳이 번역하지 않아
도 된다.

여기에서 以자는 병렬관계를 나타내며, 단지 연접하는 것은 두 개의 사
어詞語가 아니라 두 개의 분구이며, 해설할 필요는 없다. 병렬접속사를
인과접속사로써(therefore) 해석한 번역은 잘못된 것이다.

이상 세 가지 근거에 의하여, '왜가 신묘년(391년)에 바다를 건너 (신라를) 침략하니 고구려가 백제를 격파하고 동쪽으로 신라를 구원함으로써 신라가 (고구려의) 신민이 되었다' 와 같이 해석되어야 한다.

3. 비문 해석

惟昔始祖鄒牟王之創基也 出自北夫餘 天帝之子 母河伯女郎 剖
卵降世 生而有聖 □□□□□□ 命駕巡幸南下 路由夫餘奄利大
水 王臨津言曰 我是皇天之子 母河伯女郎 鄒牟王 爲我連葭浮龜
應聲卽爲連葭浮龜 然後造渡
유석시조추모왕지창기야 출자북부여 천제지자 모하백여랑 부란강세
생이유성 □□□□□□ 명가순행남하 로유부여엄리대수 왕임진언
왈 아시황천지자 모하백여랑 추모왕 위아연가부구 응성즉위연가부
구 연후조도

⇒옛적에 시조 추모왕께서 창건의 기틀을 세웠다. 추모왕은 북부여
출신으로 천제의 아들이시고 어머니는 하백의 따님이시며 알을
깨고 세상에 나오셨는데, 태어나면서부터 성스러움이 있었다.
□□□□□□ 수레를 명하여 순행하여 남쪽으로 내려가는데 노정이
부여의 엄리대수를 경유하게 되었다.
왕이 나루에 이르러 "나는 천제의 아들이며 어머니가 하백의 따님이
신 추모왕이다. 나를 위하여 갈대를 연결하고 거북이 떠오르게 하라"
고 말씀하셨다. 그 소리가 떨어지자마자 곧 갈대들이 이어지고 거북
들이 물 위로 떠올라 다리가 만들어졌다. 그런 다음에 비로소 강물을
건넜다.

여기에서 '유惟'는 '유維'와 같이 발어사로 '아' 또는 해석하지 않

고 마지막 문단 끝의 대종결사인 之와 대구를 이룬다.

於沸流谷忽本西 城山上而建都焉 不樂世位 天遣黃龍來下迎王
王於忽本東岡 履龍首昇天 顧命世子儒留王 以道興治 大朱留王
紹承基業
어비류곡홀본서 성산상이건도언 부락세위 천견황룡래하영왕 왕어홀
본동강 리룡수승천 고명세자유류왕 이도흥치 대주류왕 소승기업
⇒비류곡 홀본 서쪽 산 위에 성을 쌓고 여기에 도읍을 세웠다. 추모
왕께서 세속의 지위를 즐겨하지 않으시니, 하늘이 황룡을 보내어
내려가서 왕을 맞이하게 하였다. 왕은 홀본 동쪽 언덕에서 용의
머리를 밟고 승천하셨다. 유언에 따라 세자 유리왕께서 도리로써
정치를 진흥시켰고, (이어 3대 왕인) 대주류왕께서 그 기업을 계
승하였다.

여기서 이도흥치以道興治에서의 '以'는 수단을 나타내는 전치사로
써 'with'와 같은 의미이다.

二九登祚 號爲永樂大王 恩澤格于皇天 威武振被四海 掃除
不軌 庶寧其業 國富民殷 五穀豊熟 昊天不弔 卅有九 晏駕棄
國 以甲寅年九月卄九日乙酉遷就山陵 於是立碑 銘記勳績
以示後世焉 其詞曰
이구등조 호위영락대왕 은택격우황천 위무진피사해 소제불궤 서령
기업 국부민은 오곡풍숙 호천부조 삽유구 안가기국 이갑인년구월입
구일을유천취산릉 어시입비 명기훈적 이시후세언 기사왈
⇒17세손인 국/강상/광개토경/평안/호/태왕에 이르러 18세에 왕위

에 올라 영락태왕으로 칭하였는데 그 은택이 하늘에까지 이를 정
도였고 위무는 사해에 떨쳤다. 질서를 어지럽히는 자들을 없애
서 백성들은 편안하게 생업에 종사하니 나라는 부강해졌고 백성
은 넉넉해졌으며 오곡은 풍성하였다. 하늘이 (백성을) 불쌍히 여
기지 아니하여 39세에 돌아가시어 나라를 떠나셨다. 갑인년(414
년) 9월 29일 을유일에 산릉으로 이장했다. 이에 비를 세우고 공
적을 기록하여 후세에 보이고자 한다. 그 공적의 내용은 다음과
같다.

여기서 以甲寅年九月廿九日乙酉遷就山陵에서의 '以' 는 시간 앞에
오는 전치사로써 'in' 또는 'on' 의 의미를 갖는다. 여기에서는 'on
乙酉' 로 해석해야 한다. 또한 以示後世焉에서의 '以' 는 인과접속사
'therefore' 의 역할을 한다.

> TIP
>
> 詞란 한문으로 쓰인 글의 한 형식으로 특별한 형식이 없이 자유롭
> 게 서술하는 것을 특징으로 하는 형식의 글, 즉 무형식의 형식인
> 글을 詞라고 한다. 당송시대의 성조와 운율이 있으면서 자유로운
> 글의 송사와는 달리, 고대에는 성조와 운율도 맞추지 않고 자유롭
> 게 써내려 가는 형식의 글로써 '춘추' 와 같이 역사 서술에 주로 쓰
> 이는 문장 형식이다.

■ 국강상國岡上 해석을 위한 고구려왕들의 시호 비교

1대 동명성왕東明聖王 기원전 37년~기원전 19년

6대 태조왕太祖大王 53년~146년(大는 太와 같은 의미)

8대 신대왕新大王 165년~197년(大는 太와 같은 의미)

9대 고국천왕故國川王 179년~197년(川을 天으로 바꿔야 한다)

11대 동천왕東川王 227년~248년(川을 天으로 바꿔야 한다)

12대 중천왕中川王 248년~270년(川을 天으로 바꿔야 한다)

13대 서천왕西川王 270년~292년(川을 天으로 바꿔야 한다)

15대 미천왕美川王 300년~331년(川을 天으로 바꿔야 한다)

16대 고국원왕故國原王 331년~371년 별호 국강상왕國岡上王

19대 광개토왕廣開土王 391년~412년 별호 국國/강상岡上/광개토경廣開土境/평안平安/호好/태왕太王

24대 양원왕陽原王 545년~559년 별호 양陽/강상崗上/호好/왕王

25대 평원왕平原王 559년~590년 별호 평平/강상岡上/호好/왕王

고구려왕들의 시호를 분석하기 전에 휘호의 내 천川을 하늘 천天으로 바꿔야 하는 이유부터 (역으로 天에서 川으로 바뀐 이유) 알아보자.

첫째, 묻힌 능역에 따라 시호諡號를 정했다는 것은 시호의 이유로 말이 되지 않기 때문이다. 왕망이 고구려에 시달린 후 高句麗를 下句麗라고 선포한 뒤, 후대 중국 역사서(후한서 및 북조 남조 역사서 등)에서 天자를 川으로 바꾼 것으로 추정된다. 묻힌 능역에 따른 시호란 전제로 검토해 보면 '능역에 따라 시호를 추증했다'는 말이 사실에 부합하지 않음을 알 수 있다. 그 이유를 다음 세 가지 근거를 들어 밝힌다.

첫째, 봉상왕 5년인 296년에 모용외가 침입해서 고국원故國原에 이르렀을 때, 서천왕릉을 발견하고 사람을 시켜서 파헤치게 하였다고 한다. 그런데 여기에서 보면 고국원에 서천왕릉이 있음을 알 수 있다. 서천왕의 시호를 능역을 따라 정했으면 서천원에 있어야 하기 때문이다.

둘째, 형사취수제兄死娶嫂制 문화가 있던 고구려에서 고국천왕이 죽자 왕비가 고국천왕의 동생 산상왕에게 재취하여 사는데, 부인이 죽음을 앞두고 역시 먼저 죽은 산상왕릉 곁에 자신을 묻어 달라고 유언한다. 그 후, 죽은 고국천왕이 무당의 꿈에 나타나 백성들 보기 민망하니까 나무 일곱 그루를 자기 무덤 앞에 심어서 가려 달라고 한다. 이는 고국천왕의 무덤과 산상왕의 무덤이 가까이 있었다는 얘기이다

셋째, 국내성 주위 고분군이 크게 세 곳 정도 있는데, 적어도 평양 천도 전까지 왕들이 죽으면 그 곳에 대부분 묻혔다고 봐야 한다. 따라서 묘역에 따라서 시호가 정해졌기에 川王을 붙였다는 것은 말이 안 된다. 중국사가에 의한 천왕天王 호칭에 대한 의도적 오기로 보이기 때문이다.

이제 고구려왕들의 시호를 과연 장지葬地의 이름에 따라 정했는지를 알아보자.

동명성왕東明聖王 장용산葬龍山 호동명성왕號東明聖王

유리왕琉璃王 장어두곡동원葬於豆谷東原 호위유리명왕號爲琉璃明王

대무신왕大武神王 장어대수촌원葬於大獸村原 호위대무신왕號爲大武神王

동천왕東川王 장어시원葬於柴原 호위동천왕號爲東川王

위 설명들을 봤을 때 장지와 시호의 상관관계가 없음을 알 수 있다.

모본왕慕本王 장어모본원葬於慕本原 호위모본왕號爲慕本王

고국천왕故國川王 장우고국천원葬于故國川原 호위고국천왕號爲故國川王

산상왕山上王 장어산상릉葬於山上陵 호위산상왕號爲山上王

중천왕中川王 장어중천지원葬於中川之原 호위중천왕號爲中川王

서천왕西川王 장어서천지원葬於西川之原 호왈서천왕號曰西川王

위 다섯 왕은 장지와 시호가 상관관계가 있는 것처럼 보인다. 그러나 天이 川으로 바뀐 것 같은 똑같은 이유로 왕의 휘諱와 장지葬地 또한 상관이 없다고 말할 수 있다. 따라서 국강상 또는 국강이 묘역이라는 전제 하에 휘호의 해석을 '국강상' 또는 '국강에 묻힌'으로 해석해서는 안 된다.

그렇다면 국강상 그리고 강상은 무슨 뜻일까? 岡上이 뜻하는 바를 알기 위해서 우리말소리를 한자를 차용하여 표기한 중요 글자의 예를 들어 보면 다음과 같다.

가야

구지산: 구지 - 궂이 - 굿이. 즉 굿하는 봉우리를 뜻한다.

왜의 구지후루에서 후루가 봉우리인데 구지는 그대로 소리글자로 쓴다. 구지龜旨의 한자 훈해訓解와 아무 상관없다.

신라

거서간居西干; 거서-커서-큰=큰 우두머리

이사금尼師今; 잇 금=이빨자국

마립간麻立干; 마루(우두머리)+간(우두머리)=큰 우두머리

고구려

강상岡上; 강(마루)+상(우두머리)=큰 우두머리

'마루치, 아라치' 할 때 마루+치(사람) 역시 우두머리 사람을 뜻한다.

위와 같이 岡上은 우두머리를 뜻하는 '마루'를 훈해하여 한문으로 표기한 것이고, 마립간은 우두머리를 뜻하는 '마루'를 소리대로 한문을 차용하여 표기한 것이다. 또한 양원왕과 평원왕의 별호칭을 분석하면 다음과 같다.

양원왕陽原王의 별호인 양陽/강상崗上/호好/왕王은 지혜로운/임금/인품이 훌륭한/왕

평원왕平原王의 별호인 평平/강상崗上/호好/왕王은 공평하신/임금/인품이 훌륭한/왕

공히 두 왕의 별호에서 岡上이라는 공통된 조합이 보이는 것을 알 수 있다. 岡과 崗은 음과 훈이 같은 글자이다. 따라서 광개토왕의 시호인 國/岡上/廣開土境/平安/好/太王은 다음과 같이 해석되어야 맞다.

國; 위대한 업적을 이룬

岡上; 마루, 즉 임금

廣開土境; 외치의 업적

平安; 내치의 업적
好; 인품이나 평판
太王; 위대한 왕

永樂五年歲在乙未 王以稗麗不□□久 躬率往討 過富山牌山 至
鹽水上 破其三部洛六七百營 牛馬群羊 不可稱數 於是旋駕 因過
襄平道 東來□城 力城 北豊 五備□ 遊觀土境 田獵而還

영락오년세재을미 왕이패려부□□구 궁솔왕토 과부산패산 지염수
상 파기삼부락육칠백영 우마군양 부가칭수 어시선가 인과양평도 동
래□성 역성 북풍 오비□ 유관토경 전렵이환

⇒영락 5년 을미년(395년)에 왕은 패려가 오랫동안 □□하지 않으
므로 친히 군사를 이끌고 가서 토벌하였다. 부산, 패산을 지나 염
수에 이르러 세 개 부락 500~700영을 격파하니 노획한 소와 말,
양떼의 수가 이루 다 헤아릴 수 없이 많았다. 이에 왕이 수레를 돌
려 양평도를 지나 동으로 □성, 역성, 북풍, 오비렵으로 오면서 국
경을 천천히 살펴보고, 사냥을 하면서 돌아왔다.

위 문장에서 王以稗麗不□□久에서의 以는 인과접속사로써 종속절
의 because에 해당한다.

百殘新羅 舊是屬民 由來朝貢 而倭以辛卯年來渡海 破百殘
東□新羅以爲臣民 以六年丙申 王躬率□軍 討伐殘國 軍□

□□攻取壹八城 臼模盧城 各模盧城 幹氐利城 □□城 干利
城 閣彌城 牟盧城 彌沙城 □舍蔦城 阿旦城 古利城 □利城
雜珍城 奧利城 勾牟城 古模耶羅城 莫□□□□城 芬而耶羅
城 琢城 於利城 □□城 豆奴城 沸□□利城 彌鄒城 也利城 太
山韓城 掃加城 敦拔城 □□□城 婁賣城 散那城 那旦城 細
城 牟婁城 于婁城 蘇灰城 燕婁城 析支利城 巖門□城 林城
□□□□□□□利城 就鄒城 □拔城 古牟婁城 閨奴城 貫奴
城 彡穰城 普□城 □古盧城 仇天城 □□□城 □其國城 殘不
服義 敢出百戰 王威赫怒 渡阿利水 遣刺迫城 橫□侵穴 就便
圍城 而殘主困逼 獻出男女生口一千人 細布千匹 王自誓 從
今以後 永爲奴客 太王恩赦先迷之愆 錄其後順之誠 於是得
五十八城村七百 將殘主弟幷大臣十人 旋師還都

백잔신라 구시속민 유래조공 이왜이신묘년래도해 파백잔동□신
라이위신민 이육년병신 왕궁솔□군 토벌잔국 군□□□공취일팔
성 구모노성 각모노성 간저리성 □□성 간리성 각미성 모노성 미
사성 □사조성 아단성 고리성 □리성 잡진성 오리성 구모성 고모
야라성 막□□□□성 분이야라성 탁성 어리성 □□성 두노성 비
□□리성 미추성 야리성 태산한성 소가성 돈발성 □□□성 루매
성 산나성 나단성 세성 모루성 우루성 소회성 연루성 석지리성
암문□성 림성 □□□□□□□리성 취추성 □발성 고모루성 윤
노성 관노성 삼양성 보□성 □고로성 구천성 □□□성 □기국성
잔부복의 감출백전 왕위혁노 도아리수 견자박성 횡□침혈 취편
위성 이잔주곤핍 헌출남녀생구일천인 세포천필 왕자서 종금이
후 영위노객 태왕은사선미지건 록기후순지성 어시득오십팔성촌
칠백 장잔주제병대신십인 선사환도

⇒백제와 신라는 예로부터 고구려의 속민이었고, 그런 이유로 조공을 해왔다. 그런데 왜가 신묘년(391년)에 바다를 건너와 (신라를) 침공함에, 고구려가 백제를 먼저 격파하고 동쪽의 신라를 구원하니 신라가 (고구려의) 신민이 되었다. (그리고) 병신년에 (396년) 왕이 친히 □군을 이끌고 백제를 토벌하였다.

(고구려군이) □□□하여 일팔성, 구모로성, 각모로성, 간저리성, □□성, 각미성, 모로성, 미사성, □사조성, 아단성, 고리성, □리성, 잡진성, 오리성, 구모성, 고수야라성, 막□□□□성, 분이야라성, 전성, 어리성, □□성, 두모성, 비□□리성, 미추성, 야리성, 태산한성, 소가성, 돈발성, 우루성, 소회성, 연루성, 석지리성, 암문□성, 임성, □□□□□□□리성, 취추성, □발성, 고모루성, 윤노성, 관노성, 삼양성, 보□성, □고로성, 구천성, □□□성을 공격하여 취하고, 그 도성에 □하였다.

(그럼에도 불구하고) 백제가 의에 복종하지 아니하고, 감히 나와서 여러 차례 싸움을 걸어오니 왕이 위엄으로 크게 노하여 아리수를 건너 정탐병을 보내어 한성을 강박하였다. 측면에서 □ 굴을 파서 공격하고 나아가 한성을 포위하였다.

이에 백제왕이 곤핍하여 포로 천 명과 세마포 천 필을 바치고서 태왕(광개토왕) 앞에 꿇어 앉아 스스로 맹서하기를 이제부터 영원히 고구려왕의 노객이 되겠노라고 하였다. 그러자 태왕이 지난 잘못을 은혜로이 용서하고, 이후 순종하겠다는 성의를 마음에 새겨두었다. 이때에 58성 700촌을 획득하고, 백제왕의 아우와 백제의 대신 열 명을 포로로 거느리고 군사를 돌려 환도하였다.

위 문장에서 '而倭以辛卯年來渡海' 구절의 以는 시간 앞에 오는 전치사로써 'in'에 해당한다. 즉, 'in 신묘년'으로 해석하는 게 맞다.

'破百殘東□新羅以爲臣民'에서의 以는 인과접속사로써 'there-fore'의 의미를 갖는다.

'以六年丙申'에서의 以는 병렬접속사로써 'and'의 기능을 하지만, 굳이 의미를 붙여 해석할 필요가 없다.

'從今以後'에서의 以는 조사로써 해석이 불필요하다. 또는 현대어에도 쓰이므로 글자 그대로 '이후에'로 해석하면 된다.

위 문장에서의 핵심 어휘를 통해서 필자 나름의 해석을 정리하면 다음과 같다.

우선 '래도해來渡海'에 대해 알아보자. 래도해의 주체가 왜인 증거는 다음과 같다. 즉, 기병과 보병 위주인 고구려 군대가 연안이 아닌 대한해협을 건널 만한 해군력을 보유했을까 하는 합리적 의심이다.(400년 고구려 군사 5만이 한반도 남부 끝 가야까지 가서 왜를 물리쳤을 때도 해군에 대한 이야기가 없다.) 그와 함께 해적이든 정규군이든 왜의 신라 침략은 「신라본기」에 여러 차례 언급되어 있고, 백제가 갑이든 을이든 간에 369년 『일본서기』 기사년조에 보면 왜가 백제와 함께 한반도 남부 7개국을 공략한 내용이 나온다. 이를 볼 때 '래도해'의 주체는 왜라고 보는 게 타당하다.

다음으로 '파백잔破百殘'의 주체가 고구려라는 증거는 다음과 같다. 서기 391년 광개토왕 즉위년 첫 번째 백제 공격으로 파백잔에 대한 『삼국사기』「고구려본기」에는 다음과 같은 구절이 나온다.

即位 秋七月 南伐百濟 拔十城 (…) 冬十月 攻陷百濟關彌城
其城四面峭絶 海水環繞 王分軍七道 攻擊二十日乃拔

즉위 추칠월 남벌백제 발십성 (…) 동시월 공함백제관미성 기성 사면초절 해수환요 왕분군칠도 공격이십일내발

⇒즉위하던 해 7월 가을에 왕이 남쪽으로 백제를 쳐서 10성을 탈취하였다. (…) 겨울인 10월에는 백제의 관미성을 쳐서 함락시켰다. 관미성이 사면으로 가파른 절벽 위에 세워진데다가 바다로 둘러싸여 있는 까닭에 왕이 군사를 일곱 길로 나누어 공격한 지 20일 만에야 함락시켰다.

『삼국사기』「백제본기」 진사왕 8년(392년) 기록을 보면 다음과 같은 기록이 나온다.

秋七月 高句麗王談德帥兵四萬 來攻北鄙 陷石峴等十餘城 王聞談德能用兵 不得出拒 漢水北諸部落多沒焉 冬十月 高句麗攻拔關彌城 王田於狗原 經旬不返 十一月 薨於狗原行宮

추칠월 고구려왕담덕수병사만 래공북비 함석현등십여성 왕문담덕능용병 불득출거 한수북제부락다몰언 동십월 고구려공발관미성 왕전어구원 경순불반 십일월 훙어구원행궁

⇒가을인 7월에 고구려왕 담덕이 병사 4만을 거느리고 와서 북쪽 마을을 쳐 석현 등 10여 성을 함락시켰다. 왕은 담덕이 용병에 능하다는 말을 듣고 나가 막지 못하니, 한수 이북의 여러 부락이 많이 함락되었다. 겨울인 10월에 고구려가 관미성을 쳐서 함락시켰다. 왕이 구원狗原에서 사냥을 하였는데 10일이 지나도 돌아오지 않았다. 11월에 구원의 행궁에서 사망하였다.

이상이 왜이신묘년倭以辛卯年 래도□파백잔來渡□破百殘에서 '(고구려가) 백제를 파하고' 의 근거이다.

동□신라이위신민東□新羅以爲臣民에서 신라가 고구려의 신민이 되었다는 증거는 다음과 같다.

'新羅以爲臣民'은 九年己亥 百殘違誓與倭和通 王巡下平穰 而新羅遣使白王云 倭人滿其國境 潰破城池. 以奴客爲民, 歸王請命. 太王恩慈 矜其忠誠에서 '以奴客爲民, 歸王請命.'과 의미상 대구를 이룬다. '以奴客爲民'에서의 以는 인과접속사(because)로써 신라(노객)가 (고구려의) 신민이 되었기 때문에(because 신라 has been 노객 since 391) 왕에게 와서 명을 청한다. 광개토왕이 은혜롭고 자애로워 그 충성된 말(신라가 고구려의 노객이기에 광개토왕에게 와서 대책을 청한다는 말)을 긍휼이 여겼다.

潰破城池에 마침표(.)를 하고 以奴客爲民, 歸王請命. 太王恩慈, 矜其忠誠.으로 해석함이 옳다. 以 이후는 because 종속절, 주절로 해석함이 합당하다.

九年己亥, 百殘違誓與倭和通, 王巡下平穰. 而新羅遣使白王云, 倭人滿其國境, 潰破城池, 以奴客爲民. 歸王請命. 太王恩慈, 矜其忠誠.
구년기해, 백잔위서여왜화통, 왕순하평양. 이신라견사백왕운, 왜인만기국경, 궤파성지, 이노객위민. 귀왕청명. 태왕은자, 긍기충성.

위 문장을 해석하면 다음과 같다.

'왜인이 신라 경내에 가득하여 성과 해자를 파괴하였다. 그리하여 (therefore) 신라가 (일본의) 신민이 되었다. (그래서) 왕에게 와서 청하니 광개토왕이 은혜롭고 자애로워 그 충성된 말을 긍휼이 여겼다'라고 해석한다.

광개토왕 입장에서 '신라가 왜에 만신창이가 되어서 그냥 도와달라고 말하는 것'을 광개토왕이 충성된 말로 여겼을지, 아니면 '신라가 이미 고구려의 신민이기 때문에 신민으로서 광개토왕의 도움을 청하는 말'을 충성된 말로 여겼을지는 자명하다.

391년, 고구려는 담덕이 직접 백제에 대대적인 1차 공세를 가하였고 이때 진사왕이 자살한 것으로 보인다. 진사왕 마지막 해의 일과 같다(『삼국사기』「백제본기」 392년에 해당).

'이육년병신以六年丙申'조 내용은 담덕의 두 번째 공격으로, 『삼국사기』「고구려본기」 광개토왕 4년 394년의 기록에는 이런 구절이 나온다.

王與百濟戰於浿水之上 大敗之 虜獲八千餘級
왕여백제전어패수지상 대패지 노획팔천여급
⇒왕과 백제가 패수에서 전투를 벌여 크게 대패시키니 죽은 백제 병사가 8천여 급級에 달했다.

『삼국사기』「백제본기」 아신왕 4년 395년의 기록에도 다음과 같은 문장이 있다.

秋八月 王命佐將眞武等伐高句麗 麗王談德親帥兵七千 陳於浿水之上 拒戰 我軍大敗 死者八千人 冬十一月 王欲報浿水之役 親帥兵七千人

過漢水 次於靑木嶺下 會大雪 士卒多凍死 廻軍至漢山城 勞軍士

추팔월 왕명좌장진무등벌고구려 려왕담덕친수병칠천 진어패수지상
거전 아군대패 사자팔천인 동십일월 왕욕보패수지역 친수병칠천인
과한수 차어청목령하 회대설 사졸다동사 회군지한산성 로군사

⇒가을인 8월에는 왕이 좌장 진무 등에게 명하여 고구려를 치게 하
였는데, 고구려왕 담덕이 직접 군사 7천을 거느리고 패수 강변에
진을 치고 맞서 싸우니 아군이 크게 패하여 전사자가 8천에 이르
렀다. 겨울인 11월에 왕은 패수전투의 대패를 만회하려 친히 군사 7
천을 거느리고 한수를 건너 청목령 아래에 이르렀으나, 대설을 만
나 얼어 죽는 사졸이 다수 발생하는 관계로 한산성으로 회군하여
군사들을 위로하였다.

屬民과 臣民의 차이

속민屬民은 갑을관계로서 을이 갑에게 조공은 하지만 예속되지 않
는 을의 지위이며, 신민臣民은 속민의 조건에 더하여 왕족이나 왕
의 직계비속을 갑인 국가에 인질로 보내서 신하처럼 갑의 조정에
나아가 국사에 참여하는 지위를 말한다.

八年戊戌 教遣偏師 觀肅愼土谷 因便抄得莫□羅城加太羅谷
男女三百餘人 自此以來 朝貢論事

팔년무술 교견편사 관숙신토곡 인편초득막□라성가태나곡 남녀
삼백여인 자차이래 조공논사

⇒ (영락) 8년 무술년(398년)에 교教를 내리셔서 일부 군대를 보내
어 식신息愼(숙신의 다른 이름)의 토곡을 살펴보게 하였는데, 그
리하여 막□라성, 가태라곡의 남녀 삼백여 명을 뽑아서 취하였
다. 이후로 조공하고 국사를 같이 논의하였다.

'自此以來'에서의 以는 굳이 해석하지 않아도 된다.

九年己亥 百殘違誓與倭和通 王巡下平穰 而新羅遣使白王
云 倭人滿其國境 潰破城池 以奴客爲民 歸王請命 太王恩慈
矜其忠誠 □遣使還告以□計

구년기해 백잔위서어왜화통 왕순하평양 이신라견사백왕운 왜인
만기국경 궤파성지 이노객위민 귀왕청명 태왕은자 긍기충성 □
견사환고이□계

⇒ (영락) 9년 기해년(399년)에 백제가 (396년의) 맹서를 어기고
왜와 화통하였다. 왕이 순행하여 평양으로 내려갔는데 신라가 사
신을 보내어 왕께 아뢰었다.

"왜인들이 (신라) 국경에 가득 차서 성과 해자를 부수었습니다. 신라
가 이미 391년부터 고구려의 노객이 되었으니 신하로서 태왕께 명을
청하러 왔습니다."

광개토대왕이 은혜롭고 자애로워 그 충성된 말을 긍휼이 여기고는
사신으로 하여금 돌아가서 (고구려 측의) □계로써 (신라왕에게) 고

하게 하였다.

위 문장에서 '以奴客爲民'의 以는 인과접속사로써 종속절을 이끄는 because에 해당한다. 고로 주절이 종속절의 앞쪽인지 뒤쪽인지 잘 살펴야 한다.

또한 위 문장의 마지막 구절 '以□計'의 以는 전치사로써 수단이나 도구를 나타내는 'with'의 의미로 쓰이고 있다.

十年庚子 敎遣步騎五萬 往救新羅 從男居城 至新羅城 倭滿
其中 官軍方至 倭賊退 □侵背急追 至任那加羅從拔城 城卽
歸服 安羅人戍兵□新羅城□城 倭寇委潰 城內十九 盡拒隨
倭 安羅人戍兵捕□□□□其□□□□□□言□□□□□
□□□□□□□□□□□□□□□□□□辭□□□□
□□□□□□潰 亦以隨□安羅人戍兵 昔新羅寐錦 未有身來
論事 □□□□開土境好太王 □□□□寐錦□□家僕勾□□□
□朝貢

십년경자 교견보기오만 왕구신라 종남거성 지신라성 왜만기중
관군방지 왜적퇴 □침배급추 지임나가라종발성 성즉귀복 안라
인수병□신라성□성 왜구위궤 성내십구 진거수왜 안라인수병포
□□□□기□□□□□□□□언□□□□□□□□□□□□□□□
□□□□□□□□□□□□□□□사□□□□□□□□□□□□□궤 역
이수□안라인수병 석신라매금 미유신래론사 □□□□개토경호
태왕 □□□□매금□□가복구□□□□조공

⇒ (영락) 10년 경자년(400년)에 교를 내리시어 보병과 기병 5만을
보내어 가서 신라를 구원하게 하였다. 남거성을 거쳐 신라성에

이르니 왜인들이 그 곳에 가득하였다. 관군이 막 도착하자 왜적이 물러났다. 뒤를 습격하여 급히 추격하여 임나, 가야의 성을 뭉개 버리니 성이 곧 항복하였다.

이후는 너무 빈 글자가 많아서 억측하지 아니하고 해석을 비워 둔다. 해석을 비워 두어도 광개토대왕비문의 전체 맥락을 이해하는 데 큰 영향은 없다. 단지 참고할 것은 안라는 아라가야에 해당하고, 임나는 금관가야에 해당하는데 임나가야를 묶어서 해석하기도 하고, 임라와 가야 둘로 나누어 해석하기도 한다.

매금은 소리를 가차하여 한문으로 옮길 때 첫 음절의 초성은 변하지 않는 것이 일반적이므로 이사금보다는 마립간으로 해석하는 게 옳다. 예를 들면 『삼국사기』에 나오는 미사흔이 『삼국유사』에서는 미해가 되고, 『삼국사기』에 나오는 복호는 『삼국유사』에서는 보해가 되는 것과 같은 이치이다.

十四年甲辰 而倭不軌 侵入帶方界 和通倭國 至石城□ 連船
□□□ 王躬率□□ 從平穰□□□鋒相遇 王幢要截?刺 倭寇
潰敗 斬煞無數
십사년갑진 이왜부궤 침입대방계 화통왜국 지석성□ 련선□□
□ 왕궁솔□□ 종평양□□□봉상우 왕당요절탕자 왜구궤패 참
살무수
⇒(영락) 14년 갑진년(404년) 왜가 질서를 지키지 않고 백제와 화통하며 대방의 영역을 침입, 석성에 이르러 □하여 배를 연결하여 □□□하였으므로 왕이 친히 □□를 거느리고 평양을 거쳐 □□□ 선봉이 서로 맞부딪치게 되었다. 왕의 친위부대가 매복공격

과 이동공격을 퍼부으니 왜구가 궤멸되었다. 참살한 왜구의 수가
무수히 많았다.

十七年丁未 教遣步騎五萬 □□□□□□□□□師□□合戰
斬煞蕩盡 所獲鎧鉀一萬餘領 軍資器械不可稱數 還破沙溝
城 婁城 □由城 □城 □□□□□□城
십칠년정미 교견보기오만 □□□□□□□□□사□□합전 참살
탕진 소획개갑일만여령 군자기계부가칭수 환파사구성 루성 □
유성 □성 □□□□□□성

⇒(영락) 17년 정미년(407년)에 교를 내려 보병과 기병 5만을 보
내어 □□□□□□□□□하게 하였다. (고구려) 군사가 합전하
여 참살하고 탕진시켰다. 노획한 갑옷이 1만여 벌에 이르고 군수
물자와 병장기의 수도 헤아릴 수 없이 많았다. 또한 사구성, 누성,
□불성, □성, □□□□□□성을 격파하였다.

廿年庚戌 東夫餘舊是鄒牟王屬民 中叛不貢 王躬率往討 軍
到餘城 而餘舉國駭服獻出□□□□歸□ 王恩普覆 於是旋還
又其慕化隨官來者 味仇婁鴨盧 卑斯麻鴨盧 社婁鴨盧 肅斯
舍鴨盧 □□□鴨盧 凡所攻破城六十四 村一千四百
입년경술 동부여구시추모왕속민 중반부공 왕궁솔왕토 군도여성
이여거국해복헌출□□□□귀□ 왕은보복 어시선환 우기모화수
관래자 미구루압로 비사마압로 사루압로 숙사사압로 □□□압
로 범소공파성육십사 촌일천사백

⇒영락 20년 경술년(410년)에 동부여는 예부터 추모왕의 속민이
었는데, 중도에 반란을 일으켜 조공하지 않았다. 왕이 몸소 (군사

를) 거느리고 가서 토벌하였다. 군사가 부여의 도성에 도착하자 부여는 온 나라가 놀라 복종하고 □□□□을 바치고 항복하였다. 왕의 은덕이 널리 덮였다. 이에 군대를 돌려 돌아왔다. 또 이때에 왕의 교화를 흠모하여 미구루압로, 비사마압로, 사루압로, 숙사사 압로, □□□압로 5인이 관을 따라왔다. 무릇 (왕이) 공파한 것이 64성, 1400촌이었다.

수묘인연호守墓人烟戶
매구여민국연이간연삼賣句余民國烟二看烟三
동해매국연삼간연오東海賈國烟三看烟五
돈성민사가진위간연敦城]民四家盡爲看烟
우성일가위간연于城一家爲看烟
비리성이가위국연碑利城二家爲國烟
평양성민국연일간연십平穰城民國烟一看烟十
연이가위간연連二家爲看烟
배루인국연일간연삼俳婁]人國烟一看烟 三
양곡이가위간연梁谷二家爲看烟
양성이가위간연梁城二家爲看烟
안부련입이가위간연安夫連卄二家爲看烟
개곡삼가위간연改谷三家爲看烟
신성삼가위간연新城三家爲看烟
남소성일가위국연南蘇城一家爲國烟

신래한예新來韓穢
사수성국연일간연일沙水城國烟一看烟一

모루성이가위간연牟婁城二家爲看烟

두비압잠한오가위간연豆比鴨岑韓五家爲看烟

구모객두이가위간연勾牟客頭二家爲看烟

구저한일가위간연求底韓一家爲看烟

사성한예국연삼간연입일舍城韓穢國烟三看烟卄一

고수야라성일가위간연古須耶羅城一家爲看烟

경고성국연일간연삼炅古城國烟一看烟三

객현한일가위간연客賢韓一家爲看烟

아단성阿旦城

잡진성합십가위간연雜珍城合十家爲看烟

파노성한구가위간연巴奴城韓九家爲看烟

구모로성사가위간연臼模盧城四家爲看烟

각모로성이가위간연各模盧城二家爲看烟

모수성삼가위간연牟水城三家爲看烟

간저리성국연일간연삼幹氐利城國烟一看烟三

미추성국연일간연칠彌鄒城國烟一看烟七

야리성삼가위간연也利城三家爲看烟

두노성국연일간연이豆奴城國烟一看烟二

오리성국연일간연팔奧利城國烟一看烟八

수추성국연이간연오須鄒城國烟二看烟五

백잔남거한국연일간연오百殘南居韓國烟一看烟五

태산한성육가위간연太山韓城六家爲看烟

농매성국연일간연칠農賣城國烟一看烟七

윤노성국연이간연입이閏奴城國烟二看烟卄二

고모루성국연이간연팔古牟婁城國烟二看烟八

성국연일간연팔城國烟一看烟八

미성육가위간연味城六家爲看烟

취자성오가위간연就杏城五家爲看烟

양성입사가위간연攘城卄四家爲看烟

산나성일가위국연散那城一家爲國烟

나단성일가위간연那旦城一家爲看烟

구모성일가위간연勾牟城一家爲看烟

어리성팔가위간연於利城八家爲看烟

비리성삼가위간연比利城三家爲看烟

세성삼가위간연細城三家爲看烟

⇒수묘인연호는 다음과 같다.

고구려인으로 죄를 짓고 팔린 사람은 국연 2 간연 3으로 하고,

동해 지역에서 사온 사람은 국연 3 간연 5로 하고,

돈성민4가는 모두 간연으로 하고,

우성1가는 간연으로 하고,

비리성2가는 국연으로 하고,

평양성민은 국연 1 간연 10으로 하고,

자련2가는 간연으로 하고,

배루인은 국연 1 간연 3으로 하고,

양곡2가는 간연으로 하고,

양성2가는 간연으로 하고,

안부련22가는 간연으로 하고,

개곡3가는 간연으로 하고,

신성3가는 간연으로 하고,

남소성가는 국연으로 한다.

새로 복속된 한과 예의 연호는 다음과 같이 한다.

사수성은 국연1 간연 1로 하고,

모루성2가는 간연으로 하고,

두비압잠한5가는 간연으로 하고,

구도객두2가는 간연으로 하고,

구저한1가는 간연으로 하고,

사조성한예는 국연3 간연 21로 하고,

고구야라성1가는 간연으로 하고,

경고성은 국연 1 간연 3으로 하고,

객현한1가는 간연으로 하고,

아단성과 잡진성을 합한 10가는 간연으로 하고,

파노성한9가는 간연으로 하고,

구모로성4가는 간연으로 하고,

각모로성2가는 간연으로 하고,

모수성3가는 간연으로 하고,

간저리성은 국연 1 간연 3으로 하고,

미추성은 국연 1 간연 7로 하고,

야리성3가는 간연으로 하고,

두노성은 국연 1 간연 2로 하고,

오리성은 국연 1 간연 8로 하고,

수추성은 국연 2 간연 5로 하고,

백잔남거한은 국연 1 간연 5로 하고,

태산한성6가는 간연으로 하고,

농매성은 국연 1 간연 7로 하고,

윤노성은 국연 2 간연 22로 하고,

고모루성은 국연 2 간연 8로 하고,

전성은 국연 1 간연 8로 하고,

미성6가는 간연으로 하고,

취자성5가는 간연으로 하고,

삼양성24가는 간연으로 하고,

산나성1가는 간연으로 하고,

어리성8가는 간연으로 하고,

구모성1가는 간연으로 하고,

어리성8가는 간연으로 하고,

비리성3가는 간연으로 하고,

세성3가는 간연으로 한다.

國岡上廣開土境好太王 存時敎言 祖王先王 但敎取遠近舊
民 守墓洒掃 吾慮舊民轉當羸劣 若吾萬年之後 安守墓者 但
取吾躬巡所略來韓穢 令備洒掃 言敎如此 是以如敎令 取韓
穢二百十家 慮其不知法則 復取舊民一百十家 合新舊守墓

戶 國烟卅看烟三百 都合三百家

국강상광개토경호태왕 존시교언 조왕선왕 단교취원근구민 수묘
쇄소 오려구민전당리열 약오만년지후 안수묘자 단취오궁순소략
래한예 령비쇄소 언교여차 시이여교령 취한예이백입가 려기부
지법칙 부취구민일백십가 합신구수묘호 국연삽간연삼백 도합삼
백가

⇒국/강상/광개토경/호/태왕이 생전에 교시하시기를 "선왕들께서
다만 원근의 구민들만을 데려다가 묘를 지키고 소제를 맡게 하셨
는데, 나는 이들이 점점 (생활이) 몰락하게 될 것이 염려된다. 만
일 나 이후 만 년 뒤에도 나의 무덤을 안전하게 수묘하려 한다면
내가 몸소 다니며 약취해 온 한예인들만을 데려다가 무덤을 소제
하는 데 충당하게 하라"고 말씀하셨다.

선왕(광개토왕)의 말씀이 이와 같음으로, 금상(장수왕)이 (광개토왕
이 살아 계셨을 때의) 명에 따라 한예의 220가를 데려다가 수묘하게
하였는데 (장수왕이) 그들이 묘를 지키는 법도를 모를 것을 염려하여
다시 구민 110가를 더 데려왔다. 신구의 수묘호를 합치면 국연 30,
간연 300으로서 도합 330가이다.

위 문장에서 '是以如敎令' 구절은 앞부분 '以'와 '是'가 도치된 형식
으로 두 개의 단어가 겹쳐 쓰인 접속사로 'therefore'에 해당한다.

自上祖先王以來 墓上不安石碑 致使守墓人烟戶差錯 唯國
岡上廣開土境好太王 盡爲祖先王 墓上立碑 銘其烟戶 不令
差錯 又制 守墓人 自今以後 不得更相轉賣 雖有富足之者 亦
不得擅買 其有違令 賣者刑之 買人制令守墓之

자상조선왕이래 묘상부안석비 치사수묘인연호차착 유국강상광
개토경호태왕 진위조선왕 묘상립비 명기연호 부령차착 우제 수
묘인 자금이후 부득경상전매 수유부족지자 역부득천매 기유위
령 매자형지 매인제령수묘지

⇒조왕선왕 이래로부터 묘역에다 석비를 안치하지 않았기 때문에
수묘인연호에 관하여 헷갈리기에 이르렀다. (장수왕이) 국/강상/
광개토경/호/태왕이 생명이 다하여 조왕선왕이 되니 유일하게 처
음으로 묘역에 비를 세우고 그 연호를 새겨 기록하여 착오가 없
게 하고자 한다. 또한 (장수왕이) 규정을 제정하여 수묘인은 이제
부터 다시 서로 팔아넘기지 못하며, 비록 부유한 자라도 함부로
사들이지 못할 것이니, 만약 이 법령을 어기는 자가 있으면 판 사
람은 그에게 형벌을 내리고, 산 사람은 법령으로써 그로 하여금
수묘하게 한다.

위 문장에서의 첫 구절 '自上祖先王以來'와 '自今以後'에 쓰인
'以'는 조사로써 특별히 해석할 필요는 없으나 현대에서도 그대로 통용
되는 만큼 '이래로' 또는 '지금으로부터'로 해석하면 된다.

4. 권인한 원문 번역[20]

독자가 지금까지의 일반적인 해석과 필자의 해석을 비교할 수 있도록 첨부한다.

惟昔始祖鄒牟王之創基也 出自北夫餘 天帝之子 母河伯女
郎 剖卵降世 生而有聖 □□□□□□ 命駕巡幸南下 路由夫餘
奄利大水 王臨津言曰 我是皇天之子 母河伯女郎 鄒牟王 爲
我連葭浮龜 應聲卽爲連葭浮龜 然後造渡

유석시조추모왕지창기야 출자북부여 천제지자 모하백여랑 부란
항세 생이유성 □□□□□□ 명가순행남하 로유부여엄리대수
왕임진언왈 아시황천지자 모하백여랑 추모왕 위아연가부구 응
성즉위연가부구 연후조도

⇒옛적에 시조 추모왕이 나라를 세우셨도다. (추모왕은) 북부여 출
신으로 아버지는 천제의 아들이셨고, 어머니는 하백의 따님이셨
다. 알을 깨고 세상에 나오셨는데, 태어나면서부터 성스러움이
있었다. □□□□□□ 수레에 올라 남쪽으로 순행하여 내려가는
데, 노정이 부여의 엄리대수를 건너게 되었다. 왕이 나루에 이르
러(엄리대수 또는 그 강신江神에게) "나는 천제의 아들이며, 어머
니가 하백의 따님이신 추모왕이다. 나를 위하여 갈대를 연결하고
거북이 물 위로 떠오르도록 하라"고 말씀하셨다. 그 소리가 떨어

---

20) 권인한 지음, 『광개토왕비문 신연구』, 79~160쪽, 박문사.

지자마자 (엄리대수의 강신이) 곧바로 갈대를 엮어 잇고 거북의 무리가 떠올라 다리(부교)를 만들었다.[(엄리대수의 강신이) 갈대를 엮고, 거북을 떠오르게 했다]. 그런 다음 비로소 강물을 건넜다(강물을 건널 수 있었다).

於沸流谷忽本西 城山上而建都焉 不樂世位 天遣黃龍來下迎王 王於忽本東岡 履龍首昇天 顧命世子儒留王 以道興治 大朱留王 紹承基業

어비류곡홀본서 성산상이건도언 부락세위 천견황룡래하영왕 왕어홀본동강 리룡수승천 고명세자유류왕 이도흥치 대주류왕 소승기업

⇒비류곡 홀본 서쪽 산 위에 성을 쌓고 도읍을 세웠다. (왕이) 세속의 지위(왕위)를 즐겨하지 않으시니, 하늘이 황룡을 내려 보내어 왕을 맞이하게 하였다. 왕은 홀본 동쪽 언덕에서 용의 머리를 밟고서 승천하셨다. (그 후) 고명세자인 유류왕은 도리로써 정치를 진흥시키고, 대주류왕은 국가의 대업을 계승하였다.

遝至十七世孫國岡上廣開土境平安好太王 二九登祚 號爲永樂大王 恩澤格于皇天 威武振被四海 掃除不軌 庶寧其業 國富民殷 五穀豊熟 昊天不弔 卅有九 晏駕棄國 以甲寅年九月卅九日乙酉遷就山陵 於是立碑 銘記勳績 以示後世焉
其詞曰

답지십칠세손국강상광개토경평안호태왕 이구등조 호위영락대왕 은택격우황천 위무진피사해 소제불궤 서령기업 국부민은 오곡풍숙 호천부조 삽유구 안가기국 이갑인년구월입구일을유천취

산릉 어시입비 명기훈적 이시후세언

기사왈

⇒십칠세 손인 국강상광개토경평안호태왕에 이르러 18세(태어난 후 9가 두 번 더해진 나이) 나이에 왕위에 올라 영락태왕으로 칭하였는데, 그 은택이 하늘에까지 감통할 정도였고, 위무는 사해에 떨쳐서 덮었다. 질서를 어지럽히는 자들을 없애서 백성들은 편안하게 생업에 종사하니 나라는 부강하게 되었고 백성은 넉넉해졌으며, 오곡은 풍성하게 익었다. 하늘이 (고구려 백성들을) 불쌍히 여기지 아니하여 39세에 안가(붕어)하여 나라를 버리셨다. 갑인년(414년) 9월 29일 을유에 산릉으로 옮겨 모시었다. 이에 비를 세우고 훈적을 기록하여 후세에 보이고자 한다.

그 사詞에 가로되,

永樂五年歲在乙未 王以稗麗不□□久 躬率往討 過富山覇山 至鹽水上 破其三部洛六七百營 牛馬群羊 不可稱數 於是旋駕 因過襄平道 東來□城 力城 北豊 五備□ 遊觀土境 田獵而還

영락오년세재을미 왕이패려부□□구 궁솔왕토 과부산패산 지염수상 파기삼부락육칠백영 우마군양 부가칭수 어시선가 인과양평도 동래□성 력성 북풍 오비□ 유관토경 전렵이환

⇒영락 5년 을미(395년)에 왕은 패려가 오랫동안 □□하지 않으므로 친히 군사를 이끌고 가서 토벌하였다. 부산, 패산을 지나 염수(강)가에 이르러 패려 3개 부락 600~700영을 격파하니, (노획한) 소와 말, 양떼의 수가 이루 다 헤아릴 수 없었다. 이에 왕이 수레를 돌려 양평도를 지나 동으로 □성, 역성, 북풍, 오비렵으로 오

면서 천천히 국경을 살펴보고 사냥을 하면서 돌아왔다.

百殘新羅 舊是屬民 由來朝貢 而倭以辛卯年來渡海 破百殘
東□新羅以爲臣民 以六年丙申 王躬率□軍 討伐殘國 軍□
□□攻取壹八城 臼模盧城 各模盧城 幹氐利城 □□城 閣彌
城 牟盧城 彌沙城 □舍蔦城 阿旦城 古利城 □利城 雜珍城
奧利城 勾牟城 古模耶羅城 莫□□□□城 芬而耶羅城 琢城
於利城 □□城 豆奴城 沸□□利城 彌鄒城 也利城 太山韓 掃
加城 敦拔城 □□□城 婁賣城 散那城 那旦城 細城 牟婁城
于婁城 蘇灰城 燕婁城 析支利城 巖門□城 林城 □□□□
□□利城 就鄒城 □拔城 古牟婁城 閏奴城 貫奴城 彡穰城 普
□城 □古盧城 仇天城 □□□城 □其國城 殘不服義 敢出百
戰 王威赫怒 渡阿利水 遣刺迫城 橫□侵穴 就便圍城 而殘主
困逼 獻出男女生口一千人 細布千匹 王自誓 從今以後 永爲
奴客 太王恩赦先迷之愆 錄其後順之誠 於是得五十八城村
七百 將殘主弟幷大臣十人 旋師還都
백잔신라 구시속민 유래조공 이왜이신묘년래도해 파백잔동□신
라이위신민 이육년병신 왕궁솔□군 토벌잔국 군□□□공취일팔
성 구모노성 각모노성 간저리성 □□성 각미성 모노성 미사성 □
사조성 아단성 고리성 □리성 잡진성 오리성 구모성 고모야라성
막□□□□성 분이야라성 탁성 어리성 □□성 두노성 비□□리
성 미추성 야리성 태산한 소가성 돈발성 □□□성 루매성 산나성
나단성 세성 모루성 우루성 소회성 연루성 석지리성 암문□성 림
성 □□□□□□□리성 취추성 □발성 고모루성 윤노성 관노성
삼양성 보□성 □고로성 구천성 □□□성 □기국성 잔부복의 감

출백전 왕위혁노 도아리수 견자박성 횡□침혈 취편위성 이잔주 곤핍 헌출남녀생구일천인 세포천필 왕자서 종금이후 영위노객 태왕은사선미지건 록기후순지성 어시득오십팔성촌칠백 장잔주 제병대신십인 선사환도

⇒ 백잔(백제)과 신라는 예로부터 (고구려의) 속민이었는데, 그런 까닭으로 조공을 해왔다. 그런데 왜가 신묘년(391년)에 바다를 건너와서 백잔을 파하고 동쪽으로 신라를 □하여 신민으로 삼았다. 그래서 (영락) 6년 병신(396년)에 왕이 친히 □군을 이끌고 (백)잔국을 토벌하였다. (고구려)군이 □□□하여 일팔성, 구모로성, 각모로성, 간저리성, □□성, 각미성, 모로성, 미사성, □사조성, 아단성, 고리성, □리성, 잡진성, 오리성, 구모성, 고수야라성, 막□□□성, 분이야라성, 전성, 어리성, □□성, 두모성, 비□□리성, 미추성, 야리성, 태산한성, 소가성, 돈발성, □□□성, 누매성, 산나성, 나단성, 세성, 모루성, 우루성, 소회성, 연루성, 석지리성, 암문□성, 임성, □□□□□□□리성, 취추성, 보□성, □고로성, 구천성, □□□성을 공격하여 취하고, 곧 도성에 □하였다.

(그럼에도 불구하고) 백잔이 의에 복종하지 아니하고 감히 나와 수없이 싸움을 걸어오니, 왕이 떨쳐 대노하여 아리수를 건너 자(정탐병)를 보내어 성(한성)을 강박하였다. 옆으로 □하여 소굴을 침박하고, 나아가 곧 한성을 포위하였다. 이에 백잔왕이 곤핍해져 남녀생구(포로) 천 명과 세포 천 필을 바치고서 왕 앞에 꿇어앉아 스스로 맹서하기를 이제부터 영구히 왕의 노객이 되겠노라고 하였다. 태왕이 앞서 어지럽힌 잘못을 은혜로이 용서하고, 그 뒤에 순종한 성의를 (마음에) 새겨두었다. 이때에 58성 700촌

을 획득하고, 백잔왕의 아우와 대신 10인을 거느리고 군사를 되돌려 환도하였다.

八年戊戌 教遣偏師 觀肅愼土谷 因便抄得莫□羅城加太羅谷
男女三百餘人 自此以來 朝貢論事
팔년무술 교견편사 관숙신토곡 인편초득막□라성가태나곡 남녀
삼백여인 자차이래 조공논사

⇒ (영락) 8년 무술(398년)에 교를 내리셔서 편사를 보내어 식신의 토곡을 살펴보게 하였는데, 그리하여 곧 막□라성, 가태라곡의 남녀 삼백여 명을 뽑아서 취하였다. 그 후로 조공하고, 시사(국사)를 논의하였다.

九年己亥 百殘違誓與倭和通 王巡下平穰 而新羅遣使白王
云 倭人滿其國境 潰破城池 以奴客爲民 歸王請命 太王恩慈
矜其忠誠 □遣使還告以□計
구년기해 백잔위서여왜화통 왕순하평양 이신라견사백왕운 왜인
만기국경 궤파성지 이노객위민 귀왕청명 태왕은자 긍기충성 □
견사환고이□계

⇒ (영락) 9년 기해(399년)에 백제가 맹서를 어기고 왜와 화통하였다. 왕이 순행하여 평양으로 내려갔는데, 신라가 사신을 보내어 왕께 아뢰어 말하기를 "왜인이 신라 국경에 가득 차 성지를 부수고 노객을 그 백성으로 삼고 있으니, 왕께 귀복하여 명령을 기다리고 있습니다" 하였다. 태왕이 은자하게 신라왕의 충성을 갸륵히 여겨 (…) 사신을 보내어 돌아가서 (고구려 측의) □계로써 (신라왕에게) 고하게 하였다.

十年庚子 敎遣步騎五萬 往救新羅 從男居城 至新羅城 倭滿
其中 官軍方至 倭賊退 □侵背急追 至任那加羅從拔城 城卽
歸服 安羅人戌兵□新羅城□城 倭寇委潰 城內十九 盡拒隨
倭 安羅人戌兵捕□□□□其□□□□□□言□□□□□□
□□□□□□□□□□□□辭□□□□□□
□□□□□潰 亦以隨□安羅人戌兵 昔新羅寐錦 未有身來
論事 □□□□開土境好太王 □□□□寐錦□□家僕勾□□□
□朝貢

십년경자 교견보기오만 왕구신라 종남거성 지신라성 왜만기중
관군방지 왜적퇴 □침배급추 지임나가라종발성 성즉귀복 안라
인수병□신라성□성 왜구위궤 성내십구 진거수왜 안라인수병포
□□□□기□□□□□□□언□□□□□□□□□□□□□□
□□□□□□□□□□□□□사□□□□□□□□□□□□궤 역
이수□안라인수병 석신라매금 미유신래론사 □□□□개토경호
태왕 □□□□매금□□가복구□□□□조공

⇒(영락) 10년 경자(400년)에 교를 내리셔서 보병과 기병 5만을
보내어 신라를 구원하게 하였다. 남거성을 거쳐 신라성에 이르니
왜가 그 곳에 가득하였다. 관군이 막 도착하자 왜적이 물러났다.
(…) 뒤를 쫓아 급히 추격하여 임나가라의 종발성에 이르니 성이
곧 귀복하였다. 안라인 수병이 신라성과 □성을 □하였다. 왜구가
위축되어 궤멸되니, 성안의 십분지구(열 가운데 아홉)는 다 왜를
따르는 것을 거부하였다. 안라인 수병이 (…)을 사로잡으니 (…)
궤멸되어 역시 안라인 수병에게 □하였다. 옛날에는 신라 매금이
몸소 와서 시사(국사)를 논의한 적이 없었다. (그러나) (…) 광개
토경호태왕 (…) (신라)매금 (…) 가복구를 (인질로 삼고) (…)

하여 조공하였다.

十四年甲辰 而倭不軌 侵入帶方界 和通倭國 至石城□ 連船
□□□ 王躬率□□ 從平穰□□□鋒相遇 王幢要截?刺 倭寇
潰敗 斬煞無數
십사년갑진 이왜부궤 침입대방계 화통왜국 지석성□ 련선□□
□ 왕궁솔□□ 종평양□□□봉상우 왕당요절탕자 왜구궤패 참
살무수

⇒ (영락) 14년 갑진(404년)에 왜가 질서를 지키지 않고 대방의 영
역을 침입하여 잔(백제)과 화통하고, 석성에 이르러 □하여 배를
연결하여 (…) 하였으므로 왕이 몸소 □□를 거느리고 평양을 거
쳐 (…) (적의) 선봉과 서로 맞부딪치게 되었다. 왕당이 매복 공
격과 이동공격을 펴부으니 왜구가 궤멸하였다. 참살한 것이 무수
히 많았다.

十七年丁未 敎遣步騎五萬 □□□□□□□□□師□□合戰
斬煞蕩盡 所獲鎧鉀一萬餘領 軍資器械不可稱數 還破沙溝
城 婁城 □由城 □城 □□□□□□城
십칠년정미 교견보기오만 □□□□□□□□□사□□합전 참살
탕진 소획개갑일만여령 군자기계부가칭수 환파사구성 루성 □
유성 □성 □□□□□□성

⇒ (영락) 17년 정미(407년)에 교를 내리셔서 보병과 기병 5만을
보내어 (…) 하게 하였다. (…) (고구려) 군사가 (적과) 합전하여
참살하고 탕진시켰다. 노획한 갑옷이 만여 벌이고, 군수물자나 병
장기는 수를 헤아리기 어려울 정도로 많았다. 돌아오면서 사구

성, 누성, □불성, □성, □□□□□성을 격파하였다.

十年庚戌 東夫餘舊是鄒牟王屬民 中叛不貢 王躬率往討 軍
到餘城 而餘舉國駭服獻出□□□□歸□ 王恩普覆 於是旋還
又其慕化隨官來者 味仇婁鴨盧 卑斯麻鴨盧 社婁鴨盧 肅斯
舍鴨盧 □□□鴨盧 凡所攻破城六十四 村一千四百

입년경술 동부여구시추모왕속민 중반부공 왕궁솔왕토 군도여성
이여거국해복헌출□□□□귀□ 왕은보복 어시선환 우기모화수
관래자 미구루압로 비사마압로 사루압로 숙사사압로 □□□압
로 범소공파성육십사 촌일천사백

⇒ (영락) 20년 경술(410년)에 동부여는 예로부터 추모왕의 속민
이었는데, 중도에 반란을 일으켜 조공하지 않았다. 왕이 몸소 (군
사를) 거느리고 가서 토벌하였다. 군사가 부여의 도성에 도착하
자 부여는 온 나라가 놀라 복종하고 □□□□을 바치고 귀복하였
다. 왕의 은덕이 널리 덮였다. 이에 군대를 돌려 돌아왔다. 또 이
때에 왕의 교화를 사모하여 관을 따라온 자는 미구루압로, 비사
마압로, 타사루압로, 숙사사압로, □□□압로의 5인이었다. 무릇
(왕이) 공파한 것이 64성, 1400촌이었다.

守墓人烟戶 賣句余民國烟二看烟三 東海賈國烟三看烟五
敦城民四家盡爲看烟 于城一家爲看烟 碑利城二家爲國烟
平穰城民國烟一看烟十 連二家爲看烟 俳婁人國烟一看烟
三 梁谷二家爲看烟 梁城二家爲看烟 安夫連卄二家爲看烟
改谷三家爲看烟 新城三家爲看烟 南蘇城一家爲國烟 新來
韓穢 沙水城國烟一看烟一 牟婁城二家爲看烟 豆比鴨岑韓

五家爲看烟 勾牟客頭二家爲看烟 求底韓一家爲看烟 舍城
韓穢國烟三看烟廿一 古須耶羅城一家爲看烟 炅古城國烟一
看烟三 客賢韓一家爲看烟 阿旦城 雜珍城合十家爲看烟 巴
奴城韓九家爲看烟 臼模盧城四家爲看烟 各模盧城二家爲看
烟 牟水城三家爲看烟 幹氐利城國烟一看烟三 彌鄒城國烟
一看烟七 也利城三家爲看烟 豆奴城國烟一看烟二 奧利城
國烟一看烟八 須鄒城國烟二看烟五 百殘南居韓國烟一看烟
五 太山韓城六家爲看烟 農賣城國烟一看烟七 閏奴城國烟
二看烟廿二 古牟婁城國烟二看烟八 城國烟一看烟八 味城
六家爲看烟 就咨城五家爲看烟 穰城廿四家爲看烟 散那城
一家爲國烟 那旦城一家爲看烟 勾牟城一家爲看烟 於利城
八家爲看烟 比利城三家爲看烟 細城三家爲看烟

수묘인연호 매구여민국연이간연삼 동해가국연삼간연오 돈성민
사가진위간연 우성일가위간연 비리성이가위국연 평양성민국연
일간연십 련이가위간연 배루인국연일간연 삼 량곡이가위간연
량성이가위간연 안부련입이가위간연 개곡삼가위간연 신성삼가
위간연 남소성일가위국연 신래한예 사수성국연일간연일 모루성
이가위간연 두비압잠한오가위간연 구모객두이가위간연 구저한
일가위간연 사성한예국연삼간연입일 고수야라성일가위간연 경
고성국연일간연삼 객현한일가위간연 아단성 잡진성합십가위간
연 파노성한구가위간연 구모로성사가위간연 각모로성이가위간
연 모수성삼가위간연 간저리성국연일간연삼 미추성국연일간연
칠 야리성삼가위간연 두노성국연일간연이 오리성국연일간연팔
수추성국연이간연오 백잔남거한국연일간연오 태산한성육가위
간연 농매성국연일간연칠 윤노성국연이간연입이 고모루성국연

이간연팔 성국연일간연팔 미성육가위간연 취자성오가위간연 양성입사가위간연 산나성일가위국연 나단성일가위간연 구모성일가위간연 어리성팔가위간연 비리성삼가위간연 세성삼가위간연 ⇒수묘인연호는 다음과 같다.

매구여민은 국연2 간연3으로 하고,

동해고는 국연3 간연5으로 하고,

돈성민4가는 모두 간연으로 하고,

우성1가는 간연으로 하고,

비리성2가는 국연으로 하고,

평양성민은 국연1 간연10으로 하고,

자련2가는 간연으로 하고,

배루인은 국연1 간연4 3으로 하고,

양곡2가는 간연으로 하고,

양성2가는 간연으로 하고,

안부련22가는 간연으로 하고,

개곡3가는 간연으로 하고,

신성3가는 간연으로 하고,

남소성1가는 국연으로 한다.

새로 들어온 한예의 연호는 다음과 같다.

사수성은 국연1 간연1으로 하고,

모루성2가는 간연으로 하고,

두비압잠한5가는 간연으로 하고,

구모객두2가는 간연으로 하고,

구저한1가는 간연으로 하고,

사조성한예는 국연 3가 간연 21로 하고,

고구야라성1가는 간연으로 하고,

경고성은 국연1 간연3으로 하고,

객현한1가는 간연으로 하고,

아단성과 잡진성을 합한 10가는 간연으로 하고,

파노성한9가는 간연으로 하고,

구모성4가는 간연으로 하고,

각모로성2가는 간연으로 하고,

모수성3가는 간연으로 하고,

간저리성은 국연1 간연3으로 하고,

미추성은 국연1 간연7로 하고,

야리성3가는 간연으로 하고,

두노성은 국연1 간연2로 하고,

오리성은 국연1 간연8로 하고,

수추성은 국연2 간연5로 하고,

백잔남거한은 국연1 간연5로 하고,

태산산성6가는 간연으로 하고,

농매성은 국연1 간연7로 하고,

윤노성은 국연2 간연22로 하고,

고모루성은 국연2 간연8로 하고,

전성은 국연1 간연8로 하고,

미성6가는 간연으로 하고,

취자성5가는 간연으로 하고,

삼양성24가는 간연으로 하고,

산나성1가는 국연으로 하고,

나단성1가는 간연으로 하고,

구모성1가는 간연으로 하고,
어리성8가는 간연으로 하고,
비리성3가는 간연으로 하고,
세성3가는 간연으로 한다.

國岡上廣開土境好太王 存時敎言 祖王先王 但敎取遠近舊
民 守墓洒掃 吾慮舊民轉當羸劣 若吾萬年之後 安守墓者 但
取吾躬巡所略來韓穢 令備洒掃 言敎如此 是以如敎令 取韓
穢二百十家 慮其不知法則 復取舊民一百十家 合新舊守墓
戶 國烟卅看烟三百 都合三百家

국강상광개토경호태왕 존시교언 조왕선왕 단교취원근구민 수묘
쇄소 오려구민전당리열 약오만년지후 안수묘자 단취오궁순소략
래한예 령비쇄소 언교여차 시이여교령 취한예이백입가 려기부
지법칙 부취구민일백십가 합신구수묘호 국연삽간연삼백 도합삼
백가

⇒국강상광개토경호태왕께서 생전에 교언하시기를 '조왕과 선왕
들이 다만 원근의 구민들만을 데려다가 묘를 지키고 소제를 맡게
하였는데, 나는 이들 구민이 점점 몰락하게 될 것이 염려된다. 만
일 나 이후 만 년 뒤에도(내가 죽은 뒤에도) 나의 무덤을 안전하
게 수묘하려 한다면, 내가 몸소 다니며 약취해 온 한예인들만을
데려다가 무덤을 소제하는 데 충당(대비)하게 하라'고 하셨다.
왕의 말씀이 이와 같았으므로 명에 따라 한예의 220가를 데려다
가 수묘하게 하였는데, 그들이 능을 지키는 법도를 모를 것이 염
려되어 다시 구민 110가를 더 데려왔다. 신·구의 수묘 호를 합
치면 국연30, 간연300으로서 도합 330가이다.

自上祖先王以來 墓上不安石碑 致使守墓人烟戶差錯 唯國
岡上廣開土境好太王 盡爲祖先王 墓上立碑 銘其烟戶不令
差錯 又制 守墓人 自今以後 不得更相轉賣 雖有富足之者 亦
不得擅買 其有違令 賣者刑之 買人制令守墓之

자상조선왕이래 묘상부안석비 치사수묘인연호차착 유국강상광
개토경호태왕 진위조선왕 묘상립비 명기연호부령차착 우제 守
墓人 자금이후 부득경상전매 수유부족지자 역부득천매 기유위
령 매자형지 매인제령수묘지

⇒위로 조왕선왕 이래로 묘역에다 석비를 안치하지 않았기 때문에
수묘인 연호들로 하여금 착오를 일으키기에 이르렀다. 오직 국강
상광개토경호태왕만이 (총력을) 다하여 조왕선왕들을 위하여 묘
역에 비를 세우고 그 연호를 새겨 기록하여 착오가 없게 하셨다.
또한 규정을 제정하여 '수묘인은 이제부터 다시는 서로 팔아넘
기지 못하며, 비록 부유한 자라도 함부로 사들이지 못할 것이니,
만약 이 법령을 어기는 자가 있으면 판매한 자에게는 형벌을 내
리고, 매입한 자는 제하여 (그로 하여금) 수묘하게 하라' 고 하셨
다.

5. 참고 문헌

■ 김부식 지음, 이병도 역, 『삼국사기 · 상』, 을유출판사.

■ 김부식 지음, 이병도 역, 『삼국사기 · 하』, 을유출판사.

■ 일연 지음, 이민수 역, 『삼국유사』, 을유출판사.

■ 연민수 외, 『역주 일본서기1』, 동북아역사재단.

■ 연민수 외, 『역주 일본서기2』, 동북아역사재단.

■ 연민수 외, 『역주 일본서기3』, 동북아역사재단.

■ 일본사학회 엮음, 『아틀라스 일본사』, 사계절.

■ 鈴木 勉 · 河内國平 지음, 『復元七支刀』, 雄山閣.

■ 『칠지도 명문해독에 대한 일고찰』, 원광대학교 사학과 (http://mahan.wonkwang.ac.kr).

■ 『송서(宋書)에 나오는 '왜왕의 도독제군사호 요청'을 통해서 바라보는 5세기의 한일 관계』.

■ 홍성화 지음, 『석상신궁 칠지도에 대한 일고찰』, 한일관계사학회, 2009.

■ 박호균 지음, 『칠지도 명문』, 북랩, 2016.

■ 권인한 지음, 『광개토왕비문 신 연구』, 박문사, 2015.

■ 전규호 지음, 『광개토대왕비첩』, 명문당, 2014.

■ 저자 미상, 『광개토대왕비문』, 북메이커.

■ 김운회 지음, 『새로 쓰는 한일고대사』, 동아일보사, 2010,

■ 임지영 지음, 『고대 금속상감에 대한 시론』.

■ 김원중 편저, 공재석 감수, 『허사사전』(절판), 현암사, 1989.

■ 〈원광만세력 프로그램〉, 원광대학교.

■ 『중한사전』, 고려대학교 현대문화연구소.

■ 장삼식 편, 『대한한사전』, 교육서관, 1998.

■ 〈두피디아〉, ㈜두산동아.